JN423686

구속사를
열어가는
성경공부
시리즈

학습자용

그리스도의 몸,
영광스러운 교회

에베소서

박승호 지음

한국장로교출판사

이는 곧 물로 씻어 말씀으로 깨끗하게 하사 거룩하게 하시고 자기 앞에 영광스러운 교회로 세우사 티나 주름 잡힌 것이나 이런 것들이 없이 거룩하고 흠이 없게 하려 하심이라(엡 5 : 26 – 27)

창조, 타락, 구속

한 처음 창조주가 만드신 생명은
사람이 곧 하나님의 형상이었다.

우리의 형상을 따라 우리의 모양대로 우리가 사람을 만들고……(창 1 : 26)

그러나 곧 이어 일어난 배신은 그 씨의 종(種)을 변질시켜
아비가 바뀌고, 씨가 바뀌어(요 8 : 44)
마귀의 자식, 뱀의 종자가 되어 버렸다(마 3 : 7, 12 : 34).
우리는 이를 타락이라 말한다.

하나님의 아들, 예수 그리스도가 이 땅에 오셔서
우리가 받아야 할 죄의 심판을 대신 받으시고
대속(代贖)의 제물이 되셔서(막 10 : 45)
창조 복원 작업을 시작하셨다.
우리는 이를 구속(救贖)이라 부른다.

그 뒤를 따라 부름받은 주님의 제자들이 이 씨를 전달하고,
창조주의 질서, 스피릿을 따라
생명의 성령의 법(롬 8 : 1 – 2) 질서를 확산시켜

세상을 하나님의 나라로 바꾸어 간다.
우리는 이를 구속사, 하나님 나라 운동이라 말한다.

성육신(成肉身, Incarnation)

하나님의 생명(엡 4 : 18)은 우리의 원형, 창조의 DNA이다.
타락이 오고, 우리 안에 하나님의 형상이 일그러졌을 때
주님은 그 육신 안에 하나님의 형상을 담고 오셔서
우리 안에 그 형상들을 심으셨다.

……그리스도는 하나님의 형상이니라(고후 4 : 4)

이는 하나님의 영광의 광채시요 그 본체의 형상이시라(히 1 : 3)

우린 그 형상을 생명으로 받아 본을 뜨고, 마음판에 깊이깊이 새겨 넣어야 한다.

하나님이 미리 아신 자들을 또한 그 아들의 형상을 본받게 하기 위하여 미리 정하셨으니 이는 그로 많은 형제 중에서 맏아들이 되게 하려 하심이니라(롬 8 : 29)

너희는 우리로 말미암아 나타난 그리스도의 편지니 이는 먹으로 쓴 것이 아니요 오직 살아 계신 하나님의 영으로 쓴 것이며 또 돌판에 쓴 것이 아니요 오직 육의 마음판에 쓴 것이라(고후 3 : 3)

내 씨, 내 형상이 아닌(창 5 : 3) 근본 씨, 하늘 아버지의 아들의 씨여야 한다.
때가 찼을 때 그분은 '살아 계신 하나님의 아들'로 오셨다(마 16 : 16).

동일한 생명, 동일한 씨를 주셨기에 형제라 불러 주시고
같은 상속권, 같은 분깃으로 우리를 초청해 주셨다.

[11]거룩하게 하시는 이와 거룩하게 함을 입은 자들이 다 한 근원에서 난지라 그러므로 형제라 부르시기를 부끄러워하지 아니하시고 [12]이르시되 내가 주의 이름을 내 형제들에게 선포하고 내가 주를 교회 중에서 찬송하리라 하셨으며(히 2 : 11－12)

자녀이면 또한 상속자 곧 하나님의 상속자요 그리스도와 함께 한 상속자니 우리가 그와 함께 영광을 받기 위하여 고난도 함께 받아야 할 것이니라(롬 8 : 17)

이 아들의 생명을 이어 가기 위하여
우리는 생명의 질서를 따라 낳고, 번성하고, 충만해야 한다.

세상을 살리는 행위, 사랑이 땅에 남아 있는 희망이다.

모든 질서가 무너지고, 가치 세계들이 황폐해져 가도
십자가를 지신 우리 주님을 닮은 유일한 모습
그것은 오직 살리기 위하여 생명을 주는 엄마의 사랑이다.
어미의 가슴으로 영혼들을 사랑해 보라.

아, 사랑의 위대함이여
오직 창조주, 생명의 하나님을 닮은 사랑이여, 사랑이여.
오른편 뺨을 치면 왼편도 돌려대며
속옷을 요구할 때 겉옷을 내어놓으며

억지로 오 리를 요청할 때 십 리를 동행할 수 있는 자 누구인가?

하나님은 사랑이시라(요일 4 : 8).

무너진 세상, 타락한 세상을 살리는 길은 무엇인가?
하나님처럼 사랑하는 일이다.
사랑하면 그때 우리는 펄펄 끓는 창조주의 가슴을 갖게 된다.

[15]그리스도 안에서 일만 스승이 있으되 아버지는 많지 아니하니 그리스도 예수 안에서 내가
복음으로써 너희를 낳았음이라 [16]그러므로 내가 너희에게 권하노니 너희는 나를 본받는 자가
되라(고전 4 : 15−16)

연합

한 처음 생명은 삼위일체의 생명에서 나왔다.
그 하나님처럼 우리도 연합된 생명, 한 몸인 생명이어야 한다.
한 몸, 한 성령, 한 부르심의 소망, 한 주, 한 믿음, 한 세례, 한 하나님(엡 4 : 4−5)
그리할 때 우린 하늘과 땅의 통일, 한 몸의 비밀을 보게 된다.

……곧 만유의 아버지시라 만유 위에 계시고 만유를 통일하시고 만유 가운데 계시도다(엡 4 : 6)

[21]아버지여, 아버지께서 내 안에, 내가 아버지 안에 있는 것같이 그들도 다 하나가 되어 우리 안
에 있게 하사 세상으로 아버지께서 나를 보내신 것을 믿게 하옵소서 [22]내게 주신 영광을 내가
그들에게 주었사오니 이는 우리가 하나가 된 것같이 그들도 하나가 되게 하려 함이니이다(요
17 : 21−22)

세례

나를 부인하고, 삼위 하나님의 이름으로 세례를 받을 때
우리는 그리스도와 한 몸으로 연합된다.

너희가 세례로 그리스도와 함께 장사되고 또 죽은 자들 가운데서 그를 일으키신 하나님의 역사를 믿음으로 말미암아 그 안에서 함께 일으키심을 받았느니라(골 2 : 12)

6또 함께 일으키사 그리스도 예수 안에서 함께 하늘에 앉히시니 7이는 그리스도 예수 안에서 우리에게 자비하심으로써 그 은혜의 지극히 풍성함을 오는 여러 세대에 나타내려 하심이라(엡 2 : 6-7)

하나님 나라 실현의 현장

우리가 하나님의 일을 동역하고(고전 3 : 9)
예수님처럼 사는 비결은 사랑하는 일이다(엡 5 : 1-2).
내가 아닌 그리스도를
내가 아닌 우리로 엮어질, 그리스도의 몸을 세워 가라(엡 2 : 21-22).

부부간의 사랑(엡 5 : 21-33)
부모와 자녀 간의 사랑(엡 6 : 1-4)
노사(勞使) 간의 사랑(엡 6 : 5-9)
목자와 양 간의 사랑(엡 6 : 18-20)

하나님께서 보내신 당신의 삶의 자리에서

당신이 만나는 사람들을 세워 주기 위해
자신을 십자가로 부서뜨리고 몸 만들기를 시도해 보라.

창조주의 가슴, 하나님의 영이
무너진 나, 타락한 심성 안에서도
부활로, 승천으로, 존귀한 이름으로 하늘 높이 훨훨 날아오르게 할 것이다.

영적 싸움

더불어서 하나님의 성령으로 충만해져(엡 5 : 18)
우린 반역의 질서와 싸워야 한다.
그는 하나님을 대적하는 마귀이다(엡 6 : 10–17).
우리의 몸을 분열시키는 어둠의 세상 주관자들이다.
그리스도와 연합(엡 2 : 5–6)하고, 이방인과 연합한 한 새사람(엡 3 : 6, 2 : 15)은
악과 싸우고, 불의와 싸워야 한다(엡 5 : 3–5).

한 새사람

이 일은 혼자 하는 일이 아닌
그리스도와 나의 연합(엡 2 : 5–6), 나와 유대인의 연합(엡 2 : 11–13), 나와 이방인의 연합(엡 3 : 6)으로 가능한 일이다.
모든 직분자들의 몸 만들기 수고는 결국 우리 주님의 구속사역을 이어 가는 구속사요, 만물의 충만함까지로 이어지는 하나님 나라 건설이다(엡 4 : 3–16).

한 시민, 한 가족, 한 터, 한 건물, 한 성전, 한 아버지의 거처(엡 2 : 11－22)가 한 몸, 한 성령, 한 부르심의 소망, 한 주, 한 믿음, 한 세례, 한 만유의 아버지로(엡 4 : 3－6) 확장되어 마침내 우리 주님이 그 몸, 그 교회를 통하여 세상을, 만물을 통일시키신다(엡 1 : 10, 2 : 7, 4 : 7－16).

수평 선교, 수직 선교

십자가는 좌우, 상하로 뻗어 나간다.
이 은총은 수평으로 나에게서 이웃으로, 교회로, 온 누리로 흘러가야 한다.
또한 수직으로 흘러 가정을 통해 다음 세대를 지나 3, 4대를, 천대를 흘러 내려가야 한다.

이어지는 왕의 계보, 구속사

해산의 수고로 나를 낳아 주시고 양육해 주신 나의 어머니, 나의 아버지는 누구인가?
나는 그들에게서 어떤 스피릿을 이어받았는가?
아브라함이 이삭을 낳고, 이삭은 야곱을 낳고, 야곱은 유다를 낳고……

나는 누구를 낳았는가?
나의 영적 계보는 어떻게 만들어지고 있는가?
나의 아들, 나의 독자
100세가 되어서라도 낳아야 할 나의 상속자 이삭은 누구인가?

나는 누구의 조상, 누구의 아비인가?
나를 통하여 말씀이, 언약이, 구속사가 흘러가고 있는가?

이 계보를 잇기 위하여 나는 어떤 노력을 드리고 있는가?
이 왕의 족보가 끊어지지 않기 위하여
아브라함의 비겁한 성품도, 유다와 다말의 변칙도, 다윗과 밧세바의 일탈도
구속사를 위하여 하나님께서는 약으로 가져다가 긴요하게 쓰셨다.
씨는 이어지고, 역사는 흘러가야 했기 때문이다.

부족한 부분은 채우고, 지저분한 부분은 씻어서라도
치료하고, 살리고, 몸을 이루어 내야 했다.
핵심이 구속사, 하나님 나라이기 때문이다.

나의 구속사, 킹덤 빌더들의 수고

그러나 결국 땅을 구속할 한 아들이 와야 역사는 바뀐다.
땅과 하늘을 이을 메시야가 오셔야 세상은 정결하게 된다.
그분을 이 땅에 오시도록 하기 위하여(Sonship)
그분을 왕으로 모시고, 그분의 나라를 이 땅에 세워 가기 위하여(Kingship)
나는 구속사를 위해 어떤 수고를 하였는가?

내가 세워 가는 하나님 나라
나를 통해 이어지는 구속사는
어느 세월, 어느 골짜기로 진행되고 있는가?

나의 구원, 나의 복음은
천국 가고, 복 받고, 행복하게 사는 기복의 수준인가?
열매인 몸, 구속사, 하나님 나라로 성숙해 가고 있는가?

주님, 우리가 하나님의 말씀을 맡은 자가 되게 하옵소서.
주님, 우리가 우리의 자녀들을 말씀을 맡은 자로 세워 가게 하옵소서.

그런즉 유대인의 나음이 무엇이며 할례의 유익이 무엇이냐 범사에 많으니 우선은 그들이 하나님의 말씀을 맡았음이니라(롬 3 : 1-2)

그리하여 창세기의 언약 4세대가 우리에게 이루어지게 하시고
그 은혜를 천대에 이르도록 애쓰는 아브라함의 후손이 되게 하옵소서.

나의 에베소서 써 가기

우리 주님의 성육신, 십자가, 부활, 승천, 만물의 복종
교회의 머리가 되시며, 다시 오심이 나를 통해 이 땅, 이 역사 속으로 스며들어
만물의 충만함으로 이어져야 한다.
나는 이러한 구속사의 완성을 위하여, 그 몸을 세우기 위하여 어떤 기여를 하고 있는가?
나는 누구와, 어떤 모습으로 몸 만들기를 시도하고 있는가?(엡 1장)

내가 죽고, 그리스도와 연합함으로 그분의 충만하심이 내게로 흘러 들어와
함께 죽고, 함께 일으키심을 받아, 함께 하늘에 앉히심을 받고
그리스도가 나의 생명, 나의 기업이 되고, 내가 우리 주님과 동일시된다(엡 2장).

그 생명의 충만함이 내게서 이방인에게로 흘러가 우린 서로 동일시되어
함께 상속자가 되고, 함께 지체가 되고, 함께 약속에 참여하는 자가 된다(엡 3장).
왔다 가신 우리 주님의 크신 은총을 힘입어
피폐해진 만물들까지도 교회, 그리스도의 몸과 통일되고

이옥고는 머리 되신 그리스도가 한 몸, 한 나라로 세상을 통일시키신다(엡 4장).

하나님의 전신 갑주로 무장한 우리를 통하여
마귀의 간계를 무너뜨리시고, 통치자들과 권세들을 소멸시키시어
주님 뿌린 수고의 씨앗들이 이 땅에 속히 꽃으로 피어나게 하소서.
튼실하게 열매로 맺혀지기를 기도한다.
남편과 아내, 자녀와 부모, 직장 상사와 동료, 목자와 양들이
함께 애써 그리스도의 몸으로 세워지며
우리 주님의 거룩하고 흠이 없는 정결한 신부,
영광스러운 교회로 완성되게 하소서(엡 5－6장).

차례

서론 – 에베소서를 여는 대화

우리 주님이 원하시는 교회

1. 가정의 본질은 무엇이라고 생각하는가?

2. 교회의 본질은 무엇이라고 생각하는가?

에베소서는 교회의 위대한 비밀을 보여 주는 책이다. 바울의 다른 서신서들은 개 교회 내의 문제들을 해결하기 위해 보낸 목회적 편지문들이다. 그러나 에베소서는 여타의 교회들처럼 에베소 교회에 어떤 문제가 있어서 기록한 편지가 아니다. 하나님 나라가 세워져 가고, 구속사의 비밀이 교회를 통하여 어떻게 풀어져 가는지를 보여 주기 위해 기록한 보화와도 같은 책이다.

원래 이 편지는 소아시아 지역의 교회들에게 보낸 회람용 서신이었다. 그래서 비개인적인 문체가 주를 이룬다. 중요한 사본들에는 에베소서 1 : 1에서 수신자를 언급하는 "에베소에 있는"이라는 표현이 빠져 있다.

1. 교회란 무엇인가?

1) 이스라엘의 3대 절기(신 16 : 1 – 17)를 통한 교훈

(1) 교회생활의 모델

· 광야에서 훈련 중일 때의 교회생활 : 성막 중심의 교회생활

· 가나안에서의 교회생활 : 삶의 현장 중심의 교회생활(연중 3회 예루살렘에 간다), 매일의 실생활에서 법도와 규례를 지키고 있는 처소에서 매주 안식일을 지킨다.

· 현대사회에서의 교회생활 : 모이는 교회(공급받음)와 흩어지는 교회(나눔, 섬김)

(2) 풍성한 그리스도인의 삶

……내가 온 것은 양으로 생명을 얻게 하고 더 풍성히 얻게 하려는 것이라(요 10 : 10)

① 유월절 : 새 출발

· 어린양의 피의 대속

구원 : 죄, 심판으로부터 자유함을 얻고 속죄양이 하나님의 공의로운 심판을 대신 받는다.

· 사탄, 세상, 심판 아래 있지 않고 예수 그리스도 안에 있다.

붙어 있음, 연합, 교통, 공급, 보호

· 자녀 됨의 축복

양육, 장자권, 상속권

· 우리에게 주시는 공급(민 9 : 10 – 14)

불에 구운 양고기 : 심판받으신 그리스도

무교병 : 죄 없으신 그리스도, 양식이신 그리스도

쓴 나물 : 옛 생활, 죄에 대한 회개와 애통, 비탄의 마음을 말한다.

· 아침까지 남겨두지 말 것

은혜 받는 일, 공급받는 일은 미루지 말고 감동이 아직 신선할 때 바로 취하여야 한다.

· 유월절 절기를 지키지 않는 자에 대한 저주

피의 복음, 은혜의 복음을 거절한 자 : 교통, 공급이 차단된다.

② 오순절 : 열매를 가져오라 – 성숙(말씀, 성령)

건강한 생명은 말씀 충만, 성령 충만으로 성장한다.

정상적인 성장은 그리스도와 연합하여 영혼을 얻어 양육하는 일로 결실되어야 한다.

새 소제를 드림(레 23 : 15 – 22)

· 요제로 드린 두 개의 떡 : 유대인과 이방인의 만남, 구약과 신약의 만남을 의미한다.

· 고운 가루에 누룩을 넣어서 구운 떡을 드린다.

· 가난한 자와 거류민을 위한 배려 : 영향력, 나눔, 섬김, 증인의 영, 능력의 영

너희 땅의 곡물을 벨 때에 밭모퉁이까지 다 베지 말며 떨어진 것을 줍지 말고 그것을 가난한 자와 거류민을 위하여 남겨두라 나는 너희의 하나님 여호와이니라(레 23 : 22)

③ 초막절 : 함께 즐거워할 사람들

……너와 네 자녀와 노비와 네 성중에 거주하는 레위인과 객과 고아와 과부와 함께 즐거워하되(신 16 : 14)

종려나무 가지, 무성한 가지, 초막에서 7일 동안 즐거워한다(레 23 : 34 – 43).

· 노동을 금하라 : 은혜(레 23 : 35, 신 16 : 14)

· 성회로 모여 예배하라(레 23 : 36).

· 가정으로 모이라. 대대로 알게 하라(레 23 : 42 – 43).

· 하나님 여호와 앞에서 이레 동안 즐거워하라(레 23 : 40).

42너희는 이레 동안 초막에 거주하되 이스라엘에서 난 자는 다 초막에 거주할지니 43이는 내

가 이스라엘 자손을 애굽 땅에서 인도하여 내던 때에 초막에 거주하게 한 줄을 너희 대대로 알게 함이니라 나는 너희의 하나님 여호와이니라(레 23 : 42-43)

[13]너희 타작마당과 포도주 틀의 소출을 거두어들인 후에 이레 동안 초막절을 지킬 것이요
[14]절기를 지킬 때에는 너와 네 자녀와 노비와 네 성중에 거주하는 레위인과 객과 고아와 과
부가 함께 즐거워하되 [15]네 하나님 여호와께서 택하신 곳에서 너는 이레 동안 네 하나님 여
호와 앞에서 절기를 지키고 네 하나님 여호와께서 네 모든 소출과 네 손으로 행한 모든 일
에 복 주실 것이니 너는 온전히 즐거워할지니라(신 16 : 13-15)

④ 절기가 있는 그리스도인의 풍성한 삶

· 유월절 : 나를 위해 대신 심판받으신 그리스도
· 무교절 : 나의 양식이신 그리스도
· 초실절 : 음부의 권세를 뚫고 부활하신 그리스도-나를 거듭나게 한다.
· 오순절 : 성령으로 다시 오시고 우리의 능력이신 그리스도-증거, 재생산, 그리스도의 몸을 위한 능력
· 나팔절 : 나를 통해 흘러가고, 전달되는 그리스도
· 속죄일 : 나의 증거를 통하여 사람들이 회개하고 돌아옴-재생산
· 장막절 : 함께 그리스도를 떡과 음료로 먹고 마시는 교회생활-그리스도의 몸으로서의 교회

(3) 교회 생활의 본질(스피릿) : 전달교육, 훈련, 몸 안에서의 공급, 교통

① 쉐마 스피릿 : 최선을 다하여 하나님을 예배하는 마음과 훈련

[4]이스라엘아 들으라 우리 하나님 여호와는 오직 유일한 여호와이시니 [5]너는 마음을 다하고
뜻을 다하고 힘을 다하여 네 하나님 여호와를 사랑하라 [6]오늘 내가 네게 명하는 이 말씀을 너
는 마음에 새기고 [7]네 자녀에게 부지런히 가르치며 집에 앉았을 때에든지 길을 갈 때에든지
누워 있을 때에든지 일어날 때에든지 이 말씀을 강론할 것이며 [8]너는 또 그것을 네 손목에 매
어 기호를 삼으며 네 미간에 붙여 표로 삼고 [9]또 네 집 문설주와 바깥문에 기록할지니라(신
6 : 4-9)

② 다음 세대에 전달 : 자녀들에게 율법과 여호와 경외하기를 가르쳐 지키게 한다.

[10]모세가 그들에게 명령하여 이르기를 매 칠 년 끝 해 곧 면제년의 초막절에 [11]온 이스라엘이
네 하나님 여호와 앞 그가 택하신 곳에 모일 때에 이 율법을 낭독하여 온 이스라엘에게 듣게
할지니 [12]곧 백성의 남녀와 어린이와 네 성읍 안에 거류하는 타국인을 모으고 그들에게 듣고
배우고 네 하나님 여호와를 경외하며 이 율법의 모든 말씀을 지켜 행하게 하고 [13]또 너희가
요단을 건너가서 차지할 땅에 거주할 동안에 이 말씀을 알지 못하는 그들의 자녀에게 듣고
네 하나님 여호와 경외하기를 배우게 할지니라(신 31 : 10－13)

③ 몸으로 완성 : 생명의 전달을 통해 여호와의 총회에 들어온다.
생명을 전달하지 못하는 자나, 영적 아버지, 목자가 없는 자는 여호와의 총회에 들어오지 못한다.

[1]고환이 상한 자나 음경이 잘린 자는 여호와의 총회에 들어오지 못하리라 [2]사생자는 여호와의
총회에 들어오지 못하리니 십 대에 이르기까지도 여호와의 총회에 들어오지 못하리라(신 23 : 1－2)

몸, 영적 가족과 함께 살아야 한다.
생명의 흐름, 전달이 있는가? 재생산이 있는가?
거룩한 스피릿은 흘러가야 한다.
개인으로가 아닌 가족으로, 셀로, 교회로 함께 가는 신앙생활이 건강하다.

④ 성숙된 자의 예배생활
영과 진리의 예배(요 4 : 21－24)
몸, 마음으로 드리는 영적 예배(롬 12 : 1－2)
매일 때를 따라 돕는 은혜를 얻기 위해 은혜의 보좌 앞에 나아가는 예배(히 4 : 16)

2) 바울의 '몸 신학'을 통한 교훈

(1) 그리스도는 그리스도인들과 자신을 동일시하신다.

[3]사울이 길을 가다가 다메섹에 가까이 이르더니 홀연히 하늘로부터 빛이 그를 둘러 비추는
지라 [4]땅에 엎드러져 들으매 소리가 있어 이르시되 사울아 사울아 네가 어찌하여 나를 박해
하느냐 하시거늘 [5]대답하되 주여 누구시니이까 이르시되 나는 네가 박해하는 예수라(행 9 :
3－5)

교회는 머리 되신 그리스도와 생명 관계로 연합되어 있다.

(2) 주님의 말씀을 지체가 대언한다.

아나니아가 주님의 말씀을 대언한다(행 9 : 10－17).
주님이 바울에게 직접 말씀하셨다(행 26 : 15－18).

(3) 주님을 믿은 자를 형제로 인정한다.

바울이 주님을 믿음으로 하나님의 자녀가 되었을 때 형제로 인정하였다.

아나니아가 떠나 그 집에 들어가서 그에게 안수하여 이르되 형제 사울아 주 곧 네가 오는 길에서 나타나셨던 예수께서 나를 보내어 너로 다시 보게 하시고 성령으로 충만하게 하신다 하니(행 9 : 17)

(4) 머리의 부요함이 마디와 힘줄을 통하여 몸에 공급되어 성장해 간다.

그는 몸인 교회의 머리시라 그가 근본이시요 죽은 자들 가운에서 먼저 나신 이시니 이는 친히 만물의 으뜸이 되려 하심이요(골 1 : 18)

[6]그러므로 너희가 그리스도 예수를 주로 받았으니 그 안에서 행하되 [7]그 안에 뿌리를 박으며
세움을 받아 교훈을 받은 대로 믿음에 굳게 서서 감사함을 넘치게 하라(골 2 : 6－7)

머리를 붙들지 아니하는지라 온몸이 머리로 말미암아 마디와 힘줄로 공급함을 받고 연합하여 하나님께서 자라게 하시므로 자라느니라(골 2 : 19)

머리를 붙드는 몸의 질서
· 몸인 교회의 머리는 그리스도이다.
· 죽은 자들 가운데서 먼저 나신 이유는 만물의 으뜸이 되려 하심이다.
· 우리가 그리스도 예수를 주로 받았음(행 2 : 36)은 그 안에서 행함을 말한다.
· 마디와 힘줄이 공급의 역할을 잘 감당해야 한다.
· 뿌리를 박고 세움을 받음은 교훈을 받고 믿음에 굳게 서서 감사가 넘친다.
· 몸 안에서 연합하여야 한다.
· 하나님께서 자라게 하심으로 성장해 간다.

몸은 하나인데 많은 지체가 있고 몸의 지체가 많으나 한 몸임과 같이 그리스도도 그러하니라(고전 12 : 12)

그리스도 – 한 몸 – 많은 지체 – 만물

(5) 사도행전의 질서

바울은 예루살렘 교회의 전통과 권위를 존중했다. 하나님께서는 교회에 관한 비밀을 다른 세대에 계시하지 않으시고 몸의 비밀을 경험한 바울에게 계시하셨다.

4그것을 읽으면 내가 그리스도의 비밀을 깨달은 것을 너희가 알 수 있으리라 5이제 그의 거룩한 사도들과 선지자들에게 성령으로 나타내신 것같이 다른 세대에서는 사람의 아들들에게 알리지 아니하셨으니(엡 3 : 4–5)

생명은 흘러간다. 내 자식이라면 나의 DNA, 나의 스피릿, 나의 부요함이 흘러가야 한다. 생명의 흐름이 단절된 시대는 부모를 거스르고 자녀를 사랑하지 않는다. 생명의 전수, 교통이 끊어졌기 때문이다.
그리스도는 성육신, 십자가, 부활, 승천을 통해서 이 땅에 주님 자신의 몸을 만드셨다.

제자 삼는 사역을 통해 그 스피릿을 전수하도록 하셨다.

제자들의 3년 동안의 훈련은 예수 그리스도의 스피릿을 이어받아 이 땅에 하나님 나라를 세워 가기 위함이셨다. 우리도 하나님의 동역자가 되어 이 땅에 하나님 나라, 교회, 그리스도의 몸을 세워 가야 한다.

[9]우리는 하나님의 동역자들이요 너희는 하나님의 밭이요 하나님의 집이니라 [10]내게 주신 하나님의 은혜를 따라 내가 지혜로운 건축자와 같이 터를 닦아 두매 다른 이가 그 위에 세우나 그러나 각각 어떻게 그 위에 세울까를 조심할지니라(고전 3 : 9-10)

(6) 창세기에 나타난 생명 4세대 : 전달(Delivery, Flowing)

또 이르시되 나는 네 조상의 하나님이니 아브라함의 하나님, 이삭의 하나님, 야곱의 하나님이니라 모세가 하나님 뵈옵기를 두려워하여 얼굴을 가리매(출 3 : 6)

나는 아브라함의 하나님이요 이삭의 하나님이요 야곱의 하나님이로라 하신 것을 읽어 보지 못하였느냐 하나님은 죽은 자의 하나님이 아니요 살아 있는 자의 하나님이시니라 하시니(마 22 : 32)

또 네가 많은 증인 앞에서 내게 들은 바를 충성된 사람들에게 부탁하라 그들이 또 다른 사람들을 가르칠 수 있으리라(딤후 2 : 2)

복음 4세대 : 바울 → 디모데 → 충성된 사람들 → 또 다른 사람들

(7) 사사시대의 비극 : 다음 세대를 위한 준비를 못했다. 교육, 훈련 부재

[8]여호와의 종 눈의 아들 여호수아가 백십 세에 죽으매 [9]무리가 그의 기업의 경내 에브라임 산지 가아스 산 북쪽 딤낫 헤레스에 장사하였고 [10]그 세대의 사람도 다 그 조상들에게로 돌아갔고 그 후에 일어난 다른 세대는 여호와를 알지 못하며 여호와께서 이스라엘을 위하여 행하신 일도 알지 못하였더라 [11]이스라엘 자손이 여호와의 목전에 악을 행하여 바알들을 섬기며 [12]애굽 땅에서 그들을 인도하여 내신 그들의 조상들의 하나님 여호와를 버리고 다른 신들 곧 그들의 주위에 있는 백성의 신들을 따라 그들에게 절하여 여호와를 진노하시게 하였으되 [13]곧

그들이 여호와를 버리고 바알과 아스다롯을 섬겼으므로 [14]여호와께서 이스라엘에게 진노하사 노략하는 자의 손에 넘겨 주사 그들이 노략을 당하게 하시며 또 주위에 있는 모든 대적의 손에 팔아넘기시매 그들이 다시는 대적을 당하지 못하였으며 [15]그들이 어디로 가든지 여호와의 손이 그들에게 재앙을 내리시니 곧 여호와께서 말씀하신 것과 같고 여호와께서 그들에게 맹세하신 것과 같아서 그들의 괴로움이 심하였더라(삿 2 : 8－15)

3) 예수님의 교회론

예수님은 베드로에게 계시하셔서 복음의 핵심을 고백하게 하셨다(마 16 : 15－19).

[15]이르시되 너희는 나를 누구라 하느냐 [16]시몬 베드로가 대답하여 이르되 주는 그리스도시요 살아 계신 하나님의 아들이시니이다 [17]예수께서 대답하여 이르시되 바요나 시몬아 네가 복이 있도다 이를 네게 알게 한 이는 혈육이 아니요 하늘에 계신 내 아버지시니라 [18]또 내가 네게 이르노니 너는 베드로라 내가 이 반석 위에 내 교회를 세우리니 음부의 권세가 이기지 못하리라 [19]내가 천국 열쇠를 네게 주리니 네가 땅에서 무엇이든지 매면 하늘에서도 매일 것이요 네가 땅에서 무엇이든지 풀면 하늘에서도 풀리리라 하시고(마 16 : 15－19)

· 살아 계신 하나님의 아들
· 그리스도
· 내가 이 반석 위에 내 교회를 세우겠다.
· 음부의 권세가 이기지 못하리라 : 아담과 그 이후 인류를 지배해 온 세력
· 내가 천국 열쇠를 네게 주리니 네가 땅에서 무엇이든지 매면 하늘에서도 매일 것이요 네가 땅에서 무엇이든지 풀면 하늘에서도 풀리리라 하시고 : 천국을 여는 열쇠를 사람에게 주셨다.

예수 그리스도를 하나님의 생명을 가지고 오신 분, 그리스도로 통치권을 주러 오신 분으로 믿고 고백하는가? 씨(Sonship)와 통치권(Kingship)을 고백하는 신앙고백 위에 교회가 세워진다. 교회만이 음부의 권세를 대항할 수 있다. 교회는 천국 열쇠를 사용하여 사람들에게 생명을 나누어 주고, 그들 삶에 천국을 열어 주고, 이 땅에 하나님의 나라를 건설해야 한다.

4) 구속사의 전개

내가 너로 여자와 원수가 되게 하고 네 후손도 여자의 후손과 원수가 되게 하리니 여자의 후손은 네 머리를 상하게 할 것이요 너는 그의 발꿈치를 상하게 할 것이니라 하시고(창 3 : 15)

(1) 사람을 하나님의 형상과 통치권을 가진 하나님의 자녀로 창조하셨다.

[26]하나님이 이르시되 우리의 형상을 따라 우리의 모양대로 우리가 사람을 만들고 그들로 바
다의 물고기와 하늘의 새와 가축과 온 땅과 땅에 기는 모든 것을 다스리게 하자 하시고 [27]하
나님이 자기 형상 곧 하나님의 형상대로 사람을 창조하시되 남자와 여자를 창조하시고 [28]하
나님이 그들에게 복을 주시며 하나님이 그들에게 이르시되 생육하고 번성하여 땅에 충만하라, 땅을 정복하라, 바다의 물고기와 하늘의 새와 땅에 움직이는 모든 생물을 다스리라 하시니라(창 1 : 26－28)

(2) 그러나 아담의 타락으로 생명은 오염되고 다스림의 권세를 빼앗겼다.

너희는 너희 아비 마귀에게서 났으니 너희 아비의 욕심대로 너희도 행하고자 하느니라 그는 처음부터 살인한 자요 진리가 그 속에 없으므로 진리에 서지 못하고 거짓을 말할 때마다 제 것으로 말하나니 이는 그가 거짓말쟁이요 거짓의 아비가 되었음이라(요 8 : 44)

이르되 이 모든 권위와 그 영광을 내가 네게 주리라 이것은 내게 넘겨 준 것이므로 내가 원하는 자에게 주노라(눅 4 : 6)

(3) 마침내 약속대로 예수 그리스도를 통하여 구속사는 완성이 된다.

도둑이 오는 것은 도둑질하고 죽이고 멸망시키려는 것뿐이요 내가 온 것은 양으로 생명을 얻게 하고 더 풍성히 얻게 하려는 것이라(요 10 : 10)

또 내게 말씀하시되 이루었도다 나는 알파와 오메가요 처음과 마지막이라 내가 생명수 샘물을 목마른 자에게 값없이 주리니(계 21 : 6)

(4) 아담처럼 무너지지 않고 싸워 이김으로 하나님과의 부자 관계가 온전하게 회복되어 참 아들, 상속자로 세워진다(Sonship).

이기는 자는 이것들을 상속으로 받으리라 나는 그의 하나님이 되고 그는 내 아들이 되리라(계 21 : 7)

(5) 마침내 그들이 우리 주님과 함께 세세토록 왕 노릇 할 것이다(Kingship).

다시 밤이 없겠고 등불과 햇빛이 쓸데없으니 이는 주 하나님이 그들에게 비치심이라 그들이 세세토록 왕 노릇 하리로다(계 22 : 5)

일곱째 천사가 나팔을 불매 하늘에 큰 음성들이 나서 이르되 세상 나라가 우리 주와 그의 그리스도의 나라가 되어 그가 세세토록 왕 노릇 하시리로다 하니(계 11 : 15)

(6) 새 예루살렘 성이 신부 단장을 하고 신랑과 혼인잔치를 준비한다.

1또 내가 새 하늘과 새 땅을 보니 처음 하늘과 처음 땅이 없어졌고 바다도 다시 있지 않더라
2또 내가 보매 거룩한 성 새 예루살렘이 하나님께로부터 하늘에서 내려오니 그 준비한 것이 신부가 남편을 위하여 단장한 것 같더라(계 21 : 1-2)

일곱 대접을 가지고 마지막 일곱 재앙을 담은 일곱 천사 중 하나가 나아와서 내게 말하여 이르되 이리 오라 내가 신부 곧 어린 양의 아내를 네게 보이리라 하고(계 21 : 9)

우리가 즐거워하고 크게 기뻐하며 그에게 영광을 돌리세 어린 양의 혼인 기약이 이르렀고 그의 아내가 자신을 준비하였으므로(계 19 : 7)

내가 하나님의 열심으로 너희를 위하여 열심을 내노니 내가 너희를 정결한 처녀로 한 남편인 그리스도께 드리려고 중매함이로다(고후 11 : 2)

2. 기호로 정리해 본 에베소서

1장 : ⇂⇂ (하나님의 구원 경륜 : 하나님의 충만하심이 하늘에서 만물까지)

2장 : ↑ (내가 그리스도와 함께 : 세례를 통하여 함께 십자가, 함께 부활, 함께 승천)

3장 : ↔ (나와 이방인이 함께 : 함께 상속자, 함께 지체, 함께 약속에 참여함)

4장 : ⇩ (교회가 그리스도의 몸, 한 몸이 되어 만물을 충만하게 함)

5장 : ♀ (정결한 신부로 단장한 교회)

6장 : ✡ (무장한 군인으로서의 교회)

3. 에베소서의 저작 배경

1) 에베소 교회는 바울이 제2차 전도여행 중에 세웠다.

2) 바울은 고린도에서 18개월을 보낸 후(행 18 : 11) 아굴라, 브리스길라와 함께 에베소를 방문했다(행 18 : 18－19).

3) 바울은 에베소에서 잠시 머무르고 떠나며 다시 돌아오겠다고 약속했다(행 18 : 19－21).

[19]에베소에 와서 그들을 거기 머물게 하고 자기는 회당에 들어가서 유대인들과 변론하니 [20]여러 사람이 더 오래 있기를 청하되 허락하지 아니하고 [21]작별하여 이르되 만일 하나님의 뜻이면 너희에게 돌아오리라 하고 배를 타고 에베소를 떠나(행 18 : 19－21)

4) 하나님께서는 에베소에 남아 있던 브리스길라와 아굴라를 통해 말씀 전파자인 아볼로에게 하나님의 말씀을 상세하게 가르치게 하셨다(행 18 : 24－26).

5) 바울은 3차 전도여행 중에 다시 에베소에 돌아와 3년간 머물렀다(행 19 : 8－10, 20 : 31).

3차 여행 중 바울의 두란노 사역

· 바울이 전한 복음의 주제 : 석 달 동안 담대히 하나님 나라를 강론(행 19 : 8)
· 바울의 선교전략 : 제자들을 따로 세움(행 19 : 8－9)
· 선교의 열매 : 아시아 선교, 축귀, 치병, 회개, 말씀의 흥왕(행 19 : 10－19)
· 바울이 에베소에 머물면서 사역했던 기간 : 2년 3개월~3년(행 19 : 8, 10, 20 : 31)
· 바울이 복음을 전한 자세 : 겸손, 눈물, 시험에 대한 인내, 유익한 것은 가리지 않고 가르침, 회개, 믿음을 증거, 밤낮 쉬지 않고 눈물로 각 사람을 훈계(행 20 : 18－38)

6) 바울은 자신이 에베소 교회를 떠나면 흉악한 이리가 교회에 들어와서 혼란하게 하고 사람들을 빼앗아 가는 분열의 상황이 발생할 것을 예상했다(행 20 : 29－30, 엡 4 : 3 참고).

7) 바울은 에베소서를 쓸 당시 그리스도 예수의 일로 이방인을 위하여 감옥에 갇혔으며 여러 환난을 당하였다(엡 3 : 1, 13).

8) 바울은 에베소에 체류하는 동안에 세 가지 주목할 만한 사건을 겪는다.

· 요한의 제자들과의 사건(행 19 : 1－12)
· 예언을 행한 스게와의 아들들의 사건(행 19 : 13－20)
· 아데미 여신을 섬기는 자들과의 분쟁 사건(행 19 : 21－41)

9) 바울은 에베소에 머무는 동안 고린도전 · 후서를 기록한다(고전 16 : 8－9).

10) 바울은 많은 기적을 행한다(행 19 : 12).

11) 바울은 후에 예루살렘으로 가는 도중 밀레도에서 지체하는 동안 에베소 장로들의 방문을 받는다(행 20 : 16－38).

12) 이 서신은 바울이 골로새서 4 : 16에서 언급한 서신일는지도 모른다.

13) 에베소 교회는 한 명 이상의 성경 기자로부터 서신을 받은 신약성경의 유일한 교회이다. 사도 요한 또한 그들에게 서신을 보냈다(계 2 : 1－7).

14) 에베소 교회에는 다른 어떤 교회보다도 바울, 아볼로, 요한, 디모데와 같은 유명한 설교자들이 많았다.

15) 에베소서는 신약의 여호수아서이다.

16) 바울은 3차 전도여행을 마친 후 예루살렘에서 체포되어 2년간 가이사랴 감옥에 갇혀 있다가 로마로 이송된다. 바울은 로마 감옥에 갇힌 AD 60년 봄부터 62년까지 에베소서, 빌립보서, 골로새서, 빌레몬서를 썼는데 이를 '옥중서신'이라 한다(엡 3 : 1, 4 : 1, 6 : 19－20).

4. 바울의 선교여행과 서신서들의 배경

사도행전	13－15장	16장－18 : 20	18 : 21－21장	22－28장
전도여행	1차 여행	2차 여행	3차 여행	로마행, 감금
연대(AD)	48－49년	50－53년	53－57년	60－62년
서신	갈라디아서	데살로니가전서, 데살로니가후서	고린도전서, 고린도후서, 로마서	에베소서, 골로새서, 빌레몬서, 빌립보서, 디모데전서, 디도서
집필 장소	안디옥	고린도	에베소, 마게도냐, 고린도	로마
집필 연대(AD)	49년	51년	54, 55, 56－57년	

※ 연대는 학자들 간에 약간의 차이가 있다.

그 기쁘신 뜻대로 우리를 예정하사

예수 그리스도로 말미암아

자기의 아들들이 되게 하셨으니

엡 1 : 5

제1강

삼위일체 하나님의 구원 : 아들들

에베소서 1 : 1~14

1

삼위일체 하나님의 구원 : 아들들

에베소서 1 : 1~14

'하늘에 속한 모든 신령한 복을 가진 아들들'

[3]찬송하리로다 하나님 곧 우리 주 예수 그리스도의 아버지께서 그리스도 안에서 하늘에 속한 모
든 신령한 복을 우리에게 주시되 [4]곧 창세전에 그리스도 안에서 우리를 택하사 우리로 사랑 안에
서 그 앞에 거룩하고 흠이 없게 하시려고 [5]그 기쁘신 뜻대로 우리를 예정하사 예수 그리스도로
말미암아 자기의 아들들이 되게 하셨으니(엡 1 : 3-5)

구원은 재창조이며 구속사의 비밀의 출발

에베소서 1장은 구원의 역사가 창세기의 창조의 역사처럼 삼위 하나님의 위대한 수고로 주신 선물임을 말하면서 구원의 역사가 결국 처음 창조와 동일하게 삼위 하나님의 역사임을 시사한다. 사도는 기도를 통하여, 구원받은 주의 백성이 얼마나 엄청난 기대(부르심의 소망)와 영광스러운 기업을 약속받았는지 알기를 원한다. 우리의 믿음이 이 엄청난 약속을 이룰 수 있는 능력(위력)을 가지고 있다. 타락한 세상을 건져 내기 위하여 하나님으로부터 출발한 신성의 충만하심이 그리스도, 교회, 만물에게까지 흘러가도록 하는 것이 하나님의 영원하신 경륜이요 구속사인 것을 선포한다. 그리스도인들과 교회가 이 구속사의 진행 과정을 알아야 한다.

· 아들, 후사들에게 약속하신 '하늘에 속한 신령한 복'
· 우리가 얼마나 큰 구원의 은총을 받은 자들인가를 알게 함

하늘에 속한 신령한 복을 에베소 교인들에게 주시기 위해 성부 하나님께서는 우리를 거룩하고 흠이 없는 아들로 예정하시고, 성자 예수님은 우리에게 이 복을 받을 수 있는 자격을 주시기 위해 희생 제물로 드려졌으며, 성령 하나님께서는 놀라운 능력으로 역사하셔서 우리를 인 치시고 그 소유권을 주장하신다(엡 1 : 1-14).

[본문읽기 질문]

1. 바울은 누구로 말미암아 사도가 되었는가?
2. ( ) 안에 들어갈 단어를 본문에서 찾아보자.
   "하나님 우리 아버지와 주 예수 그리스도로부터 (   )와 (   )이 너희에게 있을지어다"(엡 1 : 2).
3. 하나님은 우리의 구원을 언제부터 예정하셨는가?
4. ( ) 안에 들어갈 단어를 본문에서 찾아보자.
   "우리는 그리스도 안에서 그의 은혜의 풍성함을 따라 그의 피로 말미암아 (   ) 곧 (   )을 받았느니라"(엡 1 : 7).
5. 그리스도 안에서 통일되는 것은 무엇인가?
6. 우리의 구원을 보증하시고 인 치시는 분은 누구신가?
7. 에베소서 1 : 6, 12, 14에서 공통으로 나오는 내용은 무엇인가?

1. 인사(엡 1 : 1－2)

1) 바울의 부르심에 대한 확신

Q1 편지 서두에서 밝힌 바울이 가진 확신은 무엇인가? 바울은 어떻게 사도가 되었는가?(엡 1 : 1a, 갈 1 : 1, 골 1 : 1)

Q2 하나님의 뜻으로 말미암아 사도가 되었다는 바울의 고백은 무엇에 대한 확신을 의미하는가?(엡 1 : 1)

적용질문

1. "나는 구속사의 도구로 하나님의 부르심을 받은 사람이다."라는 확신이 있는가?
2. 주님 안에서 내가 섬기고 있는 직분은 내가 하고 싶어 하는 일인가, 주님의 명을 받들어 하는 일인가?

2) 수신자

Q1 바울은 누구에게 편지를 쓰고 있는가?(엡 1 : 1b)

Q2 바울이 사용한 그리스도인에 대한 3가지 표현의 의미는 무엇인가?

성도들 : ____________________

신실한 자들 : ____________________

에베소에 있는 성도들과 그리스도 예수 안에 있는 신실한 자들 : ____________________

겉 사람의 주소는 우리가 사역을 해야 할 이 땅이요, 속사람의 주소는 그리스도 예수 안에 붙어 있음으로 공급과 보호를 받는 것이다.

적용질문

1. 나는 성도인가? 어떤 부분을 보고 성도라고 말할 수 있는가?

2. 나에게 하나님이 주신 언약이 있는가? 바울처럼 언약을 따라 살고자 할 때 가장 큰 어려움은 무엇인가?

3. 나는 두 개의 주소를 가지고 있는 사람으로 살아가고 있는가? 이 땅에만 보화를 쌓고 있지는 않는가?

3) 은혜와 평강

Q1 은혜와 평강의 근원은 어디인가?(엡 1 : 2)

그리스도인의 관점에서 볼 때 '평강'이란 하나님과의 평화이다. 또 어떤 관심도 받을 준비가 되어 있지 못한 우리에게 주신 하나님과의 평화가 우리 아버지와 우리의 주 되신 예수 그리스도로부터 왔다는 사실이 곧 은혜이다.

적용질문

1. 나를 찾아오신 하나님을 '은혜'라고 설명할 수 있다. 지난 세월 동안 나에게 역사하셨던 은혜의 하나님을 간증해 보자.

2. 찾아오신 은혜로 인해 하나님과 평화를 이룬 삶에 대한 나의 응답을 '평강'이라고 말할 수 있다. 내게는 어떤 변화와 성숙이 있었는가?

2. 성부 하나님의 선택 : 예정(엡 1 : 3-6)

1) 그리스도 안에서 우리를 선택하심(엡 1 : 3)

Q1 바울이 하나님을 찬양하는 내용은 무엇인가?

Q2 "하늘에 속한 모든 신령한 복"은 무엇을 말하는가?(골 2 : 9-12)

하늘에 속한 모든 신령한 복은 예수 그리스도 안에 있다. 이는 우리의 구원을 위해 준비하신 모든 은총으로 십자가와 부활과 승천 안에 이 모든 복이 포함되어 있다.

Q3 하나님께서 우리를 상속자(후사)로 선택하신 이유는 무엇인가?(엡 1 : 4)

'거룩한 것'이라는 개념은 윤리 이전의 개념이다. 그렇지만 그것은 윤리적 가치를 지향하는 개념이기도 하다(출 31 : 13). 하기오스는 구약성경에서 '거룩한', '신성한', '성별된', '봉헌된', '순결한'이라는 제의적 의미가 더욱 강하다.

적용질문

1. 나의 삶에 어떤 찬양이 있는가? 나는 늘 어떤 주제로 감사 묵상을 하고 있는가?
2. 내게도 감옥 같은 시간들이 있었을 것이다. 그때에도 나는 바울처럼 노래하고 감사할 수 있었는가?
3. 나는 하나님을 위하여 어떤 구별됨(하기오스)을 가지고 있는가? 그것은 무너질 수 없는 절대 영역인가?

2) 창세전에 그리스도 안에서 예정하심(엡 1 : 4 – 5)

Q1 하나님께서 성도를 언제 하나님의 아들로 선택하셨는가?(엡 1 : 4)

Q2 창세전에 그리스도 안에서 예정하신 선택의 주체와 대상과 그 내용은 무엇인가?(엡 1 : 4–5, 갈 4 : 5, 롬 9 : 11, 딤후 1 : 9)

적용질문

1. 구원받기 이전부터 나를 선택하시고 이끌어 오신 하나님을 나는 인정할 수 있는가?
2. 아들로 선택하시고, 장자로, 상속자로 아름답게 키우고 싶어 하시는 것이 아버지의 마음이다. 하나님의 아들답게 성장하고 있다고 말할 수 있는가?
3. 하나님께서 구별된 아들로 세우시려고 이끄셨던 광야의 훈련들을 나누어 보자.

3) 은혜의 영광을 찬송하게 하려 함(엡 1 : 6)

Q1 하나님께서 우리를 선택하신 궁극적인 목적은 무엇인가?

Q2 은혜의 영광을 찬송하는 존재는 어떤 존재인가?

하나님께서는 우리를 은혜의 영광을 찬송하는 존재가 되도록 선택하셨다. 그러나 타락 후 에덴동산에서 쫓겨난 사람들은 하나님의 영광으로부터 단절된 존재가 되었다. 우리는 그리스도 안에서 다시 하나님의 영광을 바라보고 찬송할 수 있는 존재로 부름을 받았다.

적용질문

1. 나는 언제 구원받았는가? 그 구원 이전에는 하나님께서 나를 돌보지 않으셨는가? 나를 택하신 이유는 무엇이라고 생각하는가?

2. 내가 생각하는 복은 무엇인가? 나는 하늘에 속한 신령한 복들 중 얼마나 많은 복을 받았는가? 그리스도 안에서 내가 누린 복들을 정리하여 나누어 보자.

3. 성자 예수님의 구속(엡 1 : 7-12)

1) 그리스도를 통해 주신 구원의 은총(엡 1 : 7)

Q1 예수 그리스도를 통한 구원의 출발 단계(시작)는 무엇인가?

Q2 구원의 수단은 무엇인가?(엡 1 : 7a, 벧전 1 : 19, 롬 3 : 24)

그리스도의 희생적인 대속의 죽음은 하나님의 공의를 완전히 만족시켰다. 이것은 하나님의 은혜의 풍성하심으로 이루어졌다. 그리스도의 피 값은 모든 믿는 자들에 대한 하나님의 과분한 사랑의 풍성함을 나타내는 척도이다.

Q3 예수 그리스도의 십자가를 통한 속죄의 능력은 무엇인가?(히 10 : 10, 14)

속죄의 출발 : 우리의 변화 가능성이 아니라 '그리스도 안에서' 출발한다.
속죄의 풍성함 : '그의 은혜의 풍성함을 따라' 그 은혜의 크기만큼 도움을 입을 수 있다.
속죄의 효능 : 십자가의 보혈의 능력으로 '그의 피로 속량, 곧 죄 사함'을 받는다.

적용질문

1. 내가 경험한 피의 효력, 그 은혜의 풍성함은 얼마나 되는가?

2. 구원의 근거가 내가 잘해서인가, 우리 주님의 은혜인가? 그렇다면 지금 내가 힘쓰고 애써야 할 영적 질서는 무엇인가?

3. '한번에', '영원히', '온전하게' 그분의 도우심을 받는 비밀은 무엇인가?

2) 구속사의 계시의 목적 : 아들들에게 그 뜻의 비밀을 계시하심(엡 1 : 8 – 9)

Q1 그 뜻의 비밀은 무엇인가?(엡 3 : 3 – 5, 골 1 : 26)

바울의 임무는 비밀의 경륜이 어떠한 것인지를 드러내는 것이다. 이 비밀은 다른 것이 아니라 지체의 비밀, 곧 교회를 말하고, 이것이 에베소 사람들에게 펼쳐진 지체, 몸의 비밀이다.

Q2 하나님께서 그 뜻의 비밀을 우리에게 계시하셨다는 것은 무엇을 의미하는가?(엡 1 : 8 – 9a)

구속사의 완성을 위하여 부름을 받았음을 아는 일이 중요하다. 우리가 그 뜻을 깨닫고 아버지의 마음을 알면 아들을 이 땅에 보내셔야 했던 목적, 성령을 보내셔서 우리를 세워 주시는 이유, 이 시대의 교회, 그리스도의 몸의 의미가 무엇인 줄 알게 된다.

Q3 구원의 궁극적 완성은 무엇인가?(엡 1 : 10, 2 : 15, 4 : 16)

하나님의 선택하심, 예정하심, 그분의 아들들이 되게 하심, 그리스도의 구속과 죄 사함 등의 이 모든 역사는 하나님의 영원한 뜻을 이루기 위한 것이다. 결국 그 뜻은 때가 찰 때 하늘에 있는 것이나 땅에 있는 것이 다 그리스도 안에서 통일되는 일이다. 즉, 그리스도의 머리 되심 아래 있게 되는 일이다.

적용질문

1. 구속사의 비밀은 교회이다. 나는 이 구속사의 비밀이 펼쳐지도록 하기 위하여 어떤 계획과 결단을 가지고 있는가?

2. 이 땅에 그리스도의 몸인 교회를 세워 가는 일을 위하여 지금 내가 하고 있는 일, 사역은 무엇인가?

3. 하늘과 땅의 통일을 위하여 나는 그의 머리 되심에 복종하고 있는가? 나의 셀, 나의 교회가 그분의 머리 되심의 질서를 따르고 있다고 생각하는가?

3) 우리가 그의 기업이 됨(엡 1 : 11, 신 32 : 9)

Q1 하나님께서 우리를 구원하시는 의도는 무엇인가?(엡 1 : 11, 신 32 : 9, 고전 1 : 30, 고후 5 : 21)

기업은 그리스도 안에서 된 것이며(엡 1 : 7) 하나님의 뜻을 따르는 예정으로 이루어진 것이다. 우리가 믿음으로 하나님께 돌아올 때 종이 아닌 양자로 받아들여져 아들들이 된다. 이 모든 것이 하나님의 은혜의 풍성함을 따라 그리스도 예수 안에서 우리에게 주어진다.

Q2 하나님께서 우리를 구원하시는 목표는 무엇인가?(엡 1 : 12)

우리가 그 안에서 하나님의 기업이 되었다는 말씀은(엡 1 : 11) 우리가 하나님의 재산이요, 하나님의 자랑이 된다는 뜻이다. 하나님께서는 우리를 그의 은혜의 영광을 찬송하기 위해 예정하셨는데(엡 1 : 6) 예수님의 구속 사건으로 말미암아 우리가 그의 영광의 찬송이 되었다. 출발 때는 그리스도가 우리의 의가 되시지만, 목표에 도달하면 우리가 하나님의 의가 된다.

적용질문

1. 예수님을 통한 구속, 곧 죄 사함의 은총을 경험한 후 나의 삶은 어떻게 변했는가?

2. 에베소서 1 : 6에서는 우리가 하나님을 찬송해야 한다고 말한다. 그리고 12절에서는 우리가 하나님의 찬송이라고 말한다. 이 두 상황을 설명해 보자. 내게서 이 두 찬양이 다 올려지고 있다고 생각하는가?

4. 성령님의 인 치심과 보증(엡 1 : 13－14)

1) 인 치심의 시작과 우리의 자세 : 진리의 말씀, 곧 구원의 복음을 듣고 믿음

Q1 성령의 인 치심이 있기 전에 반드시 있어야 할 신앙의 과정은 무엇인가?(롬 10 : 14－15)

하나님께서 영원 전에 선택하시고 그리스도께서 시간 안에서 구속의 역사를 성취하셨지만, 이 모든 복이 실제로 적용이 되는 것은 진리의 말씀, 곧 구원의 복음을 듣고 믿을 때이다(롬 10 : 14－17). 만약 말씀을 듣지 않는다면 믿음이 생기지 않는다. 그래서 사탄은 우리가 말씀을 듣지 못하도록 방해한다. 귀를 닫게 만들고 깨닫지 못하도록 마음에 유혹을 불어넣어 말씀을 신뢰하지 못하게 한다.

적용질문

1. 나는 믿음의 성장을 위하여 진리의 말씀을 듣고 공부하는 일을 계획적으로, 체계적으로 훈련하고 있는가?

2. 나의 신앙은 자라고 있는가? 나의 신앙 성장의 상태를 무엇으로 측정, 검증할 수 있는가?

3. 사탄은 말씀을 듣지도, 공부하지도, 훈련하지도 못하도록 방해한다. 그러나 바울 사도는 이러한 진리의 소식을 전하는 자의 발걸음을 “아름답도다 좋은 소식을 전하는 자들의 발이여”라고 표현했다. 나는 사탄의 방해 공작에 머물러 버렸는가, 아니면 좋은 소식을 전하는 아름다운 사람으로 성장했는가?

2) 인 치심의 모습 : 약속의 성령으로 인 치시고 보증하심

Q1 약속의 성령으로 인 치신다는 말씀은 무엇을 의미하는가?(엡 1 : 13, 요 7 : 39, 14 : 16)

'인치심'이란 그리스도인들이 기업을 상속받을 때까지 보호, 보존하시고 하나님의 소유권을 드러낸다는 의미이다. 어떠한 증거로든지 구원받은 사람에게 성령의 동행하심을 확인할 수 있도록 해 주신다.

적용질문

1. 나는 성령 체험을 한 사람인가? 나의 성령 체험 이야기를 나누어 보자.

2. 이것이 지극히 주관적인 판단에 근거한 것이라 할지라도 성령께서 나와 동행, 동역하고 있음을 보여 주는 어떤 보증이나 인 치심이 있는가?

3. 나는 성령님과 인격적인 교제를 나누기 위하여 어떤 계획과 실천을 가지고 있는가?

3) 인 치심의 약속 : 우리의 기업이 되시는 하나님, 그의 영광을 찬송하게 하기 위하여

Q1 우리가 하나님을 찬양하는 이유는 무엇인가?(엡 1 : 14)

Q2 우리의 기업의 보증이 되시는 성령님을 통해 우리가 얻는 혜택은 무엇인가?(히 6 : 4-5)

하나님께서는 우리의 기업이시다. 성령님은 인 치심으로 우리에게 이 기업을 보증하신다. 보증은 미리 맛본다는 의미가 있는데, 우리는 성령님을 통해 장래에 물려받을 우리의 기업을 미리 맛볼 수 있다. '보증'은 '아라본'이라는 단어로 매매할 때 미리 지불되는 계약금을 의미한다. 그리스도는 우리를 대신하여 우리의 미래를 사셨지만, 우리는 아직 그 모든 축복 가운데로 들어가지 못하였다. 하나님께서는 우리가 온전한 구원을 체험하

고 영광 중에서 하나님의 약속하신 복을 받을 수 있음을 확신하도록 보증으로써 우리에게 성령님을 보내 주셨다.

적용질문

1. 나는 구원의 확신이 있는가? 나는 하나님의 아들로, 장자로, 상속자로 성장하고 있는가? 나는 그것을 어떻게 설명할 수 있는가?

2. 이스라엘 백성이 출애굽 후 광야에서 구름기둥과 불기둥의 인도를 받았듯이 이 땅의 상속자로, 하나님의 대행자로 나를 세우시기 위하여 성령님은 인도하고 계신다. 더 훈련하기 위하여 이끌림 받고 있는 광야는 무엇인가? 어떻게 응답해야 하는가?

3. 바울은 하나님께서 우리를 구속하신 이유가 하나님의 영광을 찬양하게 하시기 위함이라고 한다. 그는 감옥에서도 하나님을 찬양했다. 나는 어떻게 하나님의 영광을 높여 드리고 있는가?

교회는 그의 몸이니

만물 안에서 만물을

충만하게 하시는 이의 충만함이니라

엡 1 : 23

제2강

만물을 충만하게 하시는 하나님의 구원 경륜

에베소서 1 : 15~23

2

만물을 충만하게 하시는 하나님의 구원 경륜

에베소서 1 : 15~23

우리 주 예수 그리스도의 하나님, 영광의 아버지께서 지혜와 계시의 영을 너희에게 주사 하나님을 알게 하시고(엡 1 : 17)

바울은 교회가 그리스도 안에서 주님의 강력한 역사와 풍성한 선물에 대한 깊은 통찰을 얻기를 기도하고 있으며, 에베소 교인들에게 그리스도를 통한 구원의 교리와 그리스도가 교회의 머리 되심을 증거한다. 성부, 성자, 성령, 삼위일체 되시는 하나님께서는 구원을 계획하시고, 구원을 행하시고, 구원을 적용하심으로써 죄인을 구원하시는 놀라운 사역을 감당하셨다. 그로 인해 구원받은 자들의 모임인 교회는 그리스도를 머리로 하는 유기체로서 하나님의 뜻대로 이루며 하나님의 영광을 나타낸다.

사도 바울의 기도(엡 1 : 15－19)

바울은 에베소 교인들이 지혜와 계시의 영으로 이 놀라운 하나님의 구원의 복을 깨달아 부르심의 소망과 그 기업의 영광의 풍성함과 믿는 이들에게 베푸시는 능력이 얼마나 큰 가를 알기를 원했다.

주님 안에 역사하신 이 능력의 역할(엡 1 : 20－23)

음부의 권세로부터 우리 주님을 부활하게 하셨고 하늘 아버지의 보좌 우편에 앉히심으로 만물을 다스릴 수 있는 권세를 얻도록 하셨다. 믿는 우리에게도 동일하게 역사하는 이 능력은 먼저는 그리스도를 충만하게 하고, 그리스도 안에 있는 충만함이 교회를 채우고, 다시 교회를 통하여 만물까지도 충만하게 할 동일한 능력이다.

[본문읽기 질문]

1. ( ) 안에 들어갈 단어를 본문에서 찾아보자.
   "우리 주 예수 그리스도의 하나님, 영광의 아버지께서 (　　　)와 (　　　)의 영을 너희에게 주사 하나님을 알게 하시고"(엡 1 : 17).
2. 하나님께서 우리 마음의 눈을 밝히사 우리에게 알려주시는 것은 무엇인가?
   "너희 마음의 눈을 밝히사 그의 (　　　)의 소망이 무엇이며 성도 안에서 그 (　　　)의 영광의 풍성함이 무엇이며, 그의 힘의 위력으로 역사하심을 따라 믿는 우리에게 베푸신 (　　)의 지극히 크심이 어떠한 것을 너희로 알게 하시기를 구하노라"(엡 1 : 18-19).
3. 하나님의 능력으로 그리스도 안에서 역사하신 일은 무엇인가?
4. 하나님께서 그리스도의 발아래에 복종하게 하신 것은 무엇인가?
5. 교회의 머리는 누구신가?
6. 에베소서에서 교회를 무엇이라고 하는가?
7. ( ) 안에 들어갈 단어를 본문에서 찾아보자.
   "교회는 그의 몸이니 (　　　) 안에서 (　　　)을 충만하게 하시는 이의 충만함이니라"(엡 1 : 23).

1. 눈이 열려 보기를 원하는 사도의 기도(엡 1 : 15 – 19)

1) 목자가 교회의 상황을 듣고 감사하며 그들을 위해 기도(엡 1 : 15 – 16)

제2강

Q1 에베소 교인들을 위한 바울의 기도 내용은 무엇인가?(롬 1 : 9, 빌 1 : 9, 골 1 : 3, 9, 살후 1 : 11)

Q2 사도 바울이 에베소 교인들을 위한 기도의 특징은 무엇인가?

우리가 기도할 때 문제점을 찾는 기도보다는 감사를 찾는 기도가 더욱 중요하다. 죄인된 우리가 예수 그리스도를 믿음으로 의롭다 함을 받고 성화되어 하나님의 나라 백성으로서 권리와 자유를 누리는 삶을 얻는 것은, 예수 그리스도께서 십자가 위에서 하나님의 진노와 저주를 우리 대신 받으셨을 뿐 아니라(갈 3 : 13), 그의 피로 우리의 죄를 씻어 주셨기 때문이다(히 9 : 14, 26). 우리의 믿음은 주 예수 안에서의 믿음이며, 예수님을 믿은 결과는 사랑의 삶이다. 에베소 교인들에게 나타난 것이 바로 이런 믿음과 사랑이었다. 죄의 결과로 단절되었던 피조 세계의 영적 연합은 그리스도의 은혜로 말미암아 회복되었다. 삼위일체 하나님께서 사랑으로 하나이신 것처럼, 성도도 관계 안에서 삼위일체적 삶을 살아야 한다. 마음과 목숨과 뜻을 다해 하나님을 사랑해야 하고 이웃을 내 몸처럼 사랑해야 한다(마 22 : 37 – 40). 이것이 창조의 목적이요 구속의 목적이다. 사도 바울은 이러한 복음의 열매가 에베소 교회에서 나타난 것을 보고 감사하였다.

적용질문

1. 나의 믿음은 무엇을 믿는 믿음인가? 건강, 권력, 경제, 능력 등을 주실 것에 대하여 기대하는 믿음인가, 아니면 예수 그리스도, 우리 하나님 아버지를 신뢰하고 의지하는 믿음인가?

2. 하나님을 신뢰하는 건강한 믿음은 이웃들에 대한 사랑으로 이어진다. 내가 우리 주님을 늘 믿음으로 사모하듯, 이웃들을 향한 사랑의 마음, 손길들을 나눌 준비가 되어 있는가?

3. 기도와 더불어 감사의 마음을 잃지 않는 것이 건강한 삶이다. 나는 매일 감사 일지를 기록하며 사는가?

2) 지혜와 계시의 영, 마음의 눈이 밝아져 하나님을 바로 알기를 구함(엡 1 : 17–18a)

Q1 우리는 어떻게 하나님을 부르고 있는가? 어떻게 그 하나님을 알 수 있는가?

Q2 우리의 기도의 대상은 누구이며 어떻게 하나님 앞에 나아갈 수 있는가?

하나님께서는 주 예수 그리스도의 아버지 하나님이시다. 구약에서는 아브라함의 하나님, 이삭의 하나님, 야곱의 하나님께 기도했다. 언약을 지키시는 하나님을 의미한다. 하나님께서는 우리 주 예수 그리스도 안에서 사람과 한 언약을 맺으셨다. 새 언약이다. 은혜 언약이다. 우리가 하나님께 나아가는 유일한 길은 예수 그리스도뿐이다.

Q3 하나님의 궁극적 특성은 무엇이며 하나님은 우리와 어떤 관계이었는가?(히 2 : 9–10)

'영광'은 하나님의 궁극적인 특성이고 본질이며 말로 표현할 수 없는 절대적 완전하심이다. '영광의 아버지'는 우리와 제한되고 단절된 관계에 계셨다. 하나님께로 나아가는 길이 예수님의 은혜로 말미암아 열렸고 우리는 영광스러운 하나님께로 담대하게 나아갈 수 있는 존재가 되었다. 우리 주님이 승천하셔서 영광과 존귀로 관을 쓰셨을 때 우리도 동일하게 영광과 존귀로 들어갈 법적 보장을 얻었다(히 2 : 9–10).

Q4 사도 바울이 기도 가운데 요청한 "지혜와 계시의 영"은 우리에게 어떤 혜택을 주는가?

적용질문

1. 하나님을 알기 위하여 우리가 해야 할 기도의 제목은 무엇인가?

2. 일반적인 접근이 아닌 지혜와 계시의 영을 통하여 경험한 하나님 아버지에 대한 깨달음이 있다면 나누어 보자.

3) 예수 그리스도 안에서 우리에게 주신 3가지 약속(엡 1 : 18b – 19)

Q1 우리의 눈이 열렸을 때 우리는 하나님의 약속들을 볼 수 있다. 그리스도 안에 있는 풍성한 약속 3가지는 무엇인가?

Q2 우리에 대한 하나님의 부르심의 소망은 무엇인가?(고전 3 : 9, 롬 8 : 17 – 18, 골 1 : 27)

우리는 '성도'로 부름받았다. 그리스도인의 부르심은 다른 말로 새로운 삶으로의 부르심이다. 그리스도는 자신의 몸으로 우리를 세워 만물을 충만하게 하시고 교회를 통하여 하늘과 땅을 통일시키기를 원하신다. 부르심은 선택과 예정(엡 1 : 4, 5, 11)을 전제로 한다. 하나님의 부르심은 우리가 하나님의 은혜로 그리스도를 영접하고 성령의 인 치심을 받음으로 이루어지며, 그 부르심을 통해서 그리스도인은 하나님께서 미래에 온전하게 하실 것을 소망하게 된다(Bruce). 소망은 그리스도인의 구원이 완성되고 그리스도 안에서 만물이 통일될 것에 대한 바람을 의미한다(Lincoln). 최고의 소망, 최고의 기대는 우리가 영혼을 섬기는 하나님 나라의 동역자가 되어(고전 3 : 9) 그리스도의 신부(엡 5장), 군사(엡 6장)로서의 삶을 사는 것이요, 그와 함께 고난도 받고 그와 함께 영광도 받는 것이다(롬 8 : 17 – 18). 곧, 그리스도가 우리의 영광의 소망이시다(골 1 : 27).

Q3 성도 안에서 그 기업의 영광의 풍성함은 무엇인가?

하나님의 기업은 사실 그리스도이다. 그리스도 외에는 다른 기업은 없다. 그리스도를 성도들 안에 확장시키는 것이 기업이다. 그런데 그것이 영광의 풍성이라고 말씀하신다. 골로새서 1장에서는 "너희 안에 계신 그리스도가 영광의 소망"이라고 했다. 거기에도 '영광의 풍성'이 나오는데 이 말은 그리스도를 떠나서는 하나님의 기업이 없고 영광의 풍성이 없다는 말이다. 그러므로 성도들 안에서 확대되시는 그리스도, 풍성하게 되시는 그리스도가 바로 하나님의 기업이다.

Q4 우리에게 베푸신 능력의 지극히 크심은 무엇인가?

그리스도 예수 안에 살아 계신 하나님의 능력은 모든 경쟁하는 권세들을 능가한다(행 19 : 20). 이 능력은 십자가, 부활, 승천을 가지고 왔으며 이것을 믿는 성도들을 부활시키실 것이다(롬 8 : 11). 결국 '그의 부르심의 소망'이나 '그 기업의 영광의 풍성함' 그리고 '능력의 지극히 크심'은 하나님의 지혜와 계시의 영을 통해서만 우리가 알 수 있는 영적 지식이다.

- **엡 1 : 20a ____________________ : 그리스도를 부활시킨 능력이 하나님께 있다.**
- **엡 1 : 20b ______________________ : 그리스도의 왕권, 만물의 주인으로서의 권한과 능력을 말하는 것으로 통치권의 개념이다.**

적용질문

1. 영광의 아버지께서 믿는 우리에게 주신 3가지 약속들은 무엇인가?

2. 예수님의 족보에 올랐던 다섯 여자가 하나님의 영광의 기업에 동참하게 된 이유가 무엇이라고 생각하는가?

3. 믿고 있는 내게 지금도 역사하는 그리스도의 능력은 내 삶에 어떤 변화를 주고 있는가?

2. 구원의 완성(그리스도) : 땅을 구속하기 위한 교회의 역할(엡 1 : 20－22a)

1) 그 능력이 먼저 그리스도를 죽음에서 부활, 승천하게 한다(엡 1 : 20)

Q1 하나님의 크신 능력이 그리스도 안에서 어떻게 나타났는가?

___

인류 역사 수천 년 동안 죽음은 이 세상에서 가장 큰 권세처럼 보였고, 인생의 절망들 가운데서 가장 강력한 절망처럼 보였다. 그러나 하나님께서는 그리스도를 죽은 자들 가운데서 다시 살리셨다. 그리스도의 부활은 하나님의 지극히 크신 능력의 표현이었다.

Q2 그리스도를 부활하게 하신 능력은 어떤 능력인가?

___

하나님의 능력은 그리스도 안에서 역사하는 능력이며 생명의 능력이요 부활의 능력이다. 하나님의 능력이 객관적으로 나타난 것이 바로 부활 사건이다. 이 사건은 우리에게 영적으로 일어나는 일들을 유추하는 근거가 될 수 있으며 우리와 그리스도의 신비적인 연합의 교리를 설명할 수 있게 해 준다. 그리스도께서 살아나실 때에 우리도 그와 함께 살리심을 받았으며, 그리스도께서 승천하심으로써 우리가 그와 함께 연합이 되어 하늘 보좌에 함께 앉아 있는 것으로 인정해 주신다. 이것을 신학적으로는 '동일시'라고 표현한다.

적용질문

1. 죽은 자 가운데서 부활하게 하신 능력은 우리 속에서 거듭나게 하시는 역사로 이어진다. 나의 삶의 거듭남을 간증해 보자. 무엇이 달라졌고 어떤 변화가 있는가?(벧전 1 : 3－4)

2. 내게 여전히 역사하는 음부의 권세는 무엇인가? 나는 그 권세를 깨뜨리기 위하여 어떤 전략과 훈련을 가지고 있는가?

3. 이 생명의 부요함은 흘러가야 한다. 이 부활의 능력으로 살리고 거듭나도록 돕고 있는 지체가 있는가?

2) 모든 통치와 권세, 모든 이름 위에 뛰어나게 하심(엡 1 : 21)

Q1 그리스도를 모든 통치와 권세와 능력과 주권, 그리고 모든 이름 위에 뛰어나게 하셨다는 말씀은 나에게 어떻게 적용되는가?

사도 바울은 하나님의 전능하신 능력이 우리 안에서 행사되고 있기에 모든 장애와 저항을 이길 수 있다고 말한다. 그리스도인을 만드는 것은 하나님의 능력이 강력히 행사된 결과이다. 하나님의 영원하고 무한하신 능력이 우리 안에서 활력 있게 역사할 때 나의 '나' 됨은 바르게 인식될 수 있다. 이 능력은 지금도 우리 안에 활력 있게 진행되고 있으며 앞으로도 진행되어 나갈 것이다.

Q2 그리스도를 승천하게 하신 능력은 그리스도에게 어떤 영광과 존귀를 입히셨는가?(빌 2 : 9－11)

하나님께서는 교회에게 그리스도 안에 있는 부활의 능력을 허락하셨다. 이 능력은 통치와 권세와 능력과 주관하는 자 위에 뛰어난 능력이다. 모든 천사들과 마귀들과 악령의 능력도 하나님께서 교회에게 주신 능력을 이길 수 없다. 하나님의 능력이 그리스도 안에서 역사하신다는 신앙고백을 통하여 이러한 지식을 전개한다. 하나님께서는 그리스도를 부활시키셔서 자기의 오른편에 올리심으로써, 즉 그리스도를 하나님의 통치의 전권자로 임명하심으로써(시 110 : 1, 롬 8 : 34) 모든 세력들을 굴복시키셨다. 그런데 예수 그리스도께서는 이 세상의 세력들뿐만 아니라 오고 있는 세상의 세력들까지도 굴복시키셨다(롬 8 : 38－39, 고전 15 : 24－28, 빌 2 : 9－11). 이렇게 광범위한 권능을 가지신 그리스도가 교회의 머리가 되셨다(엡 4 : 15, 골 1 : 18). 그의 몸인 교회는 그리스도의 통치의 권능과 생명의 권능으로 가득 채워져 있으며, 따라서 교회는 그의 충만이다(엡 1 : 23). 그리스도의 몸이라는 교회의 정체성은 에베소서에서는 전적으로 머리이신 그리스도와의 관계 속에 있는 교회에 초점이 맞추어져 있다(엡 4 : 15－16, 5 : 23, 28－30).

적용질문

1. 우리 주님의 존귀하게 되심이 우리의 법적 위치를 보장해 준다. 주님의 승천이 내게 주는 특권은 무엇인가? 나의 존귀하게 됨을 설명해 보라.

2. 그리스도와 연합함으로 함께 하늘에 앉힌 바 된 우리의 신분 격상은 통치권, 생명을 다스릴 수 있는 권세로 이어진다. 나는 주변에, 영혼들에게 어떤 영향력을 끼치고 있는가?(엡 2 : 5 – 6)

3. 하나님께서는 우리를 그리스도와 동일시하셔서 구속사와 하나님 나라에 기여하게 하신다. 나의 구속사 공헌기를 나누어 보자.

3) 만물을 그 발아래 복종하게 하심(엡 1 : 22a)

Q1 만물을 그 발아래 복종하게 했으나 세상은 아직 하나님의 질서 아래 돌아오지 않고 있다. 만물은 무엇을 기다리고 있는가?(시 8 : 6, 시 110 : 1, 롬 16 : 20, 고전 15 : 27, 히 2 : 5–8)

Q2 만물이 그리스도의 발아래 있고 그에게 복종할 때 하나님의 구속사에서 어떤 사건이 일어나는가?(엡 1 : 21 – 23, 고전 15 : 23 – 24)

사도신경(신앙고백)의 내용을 이해하기

성육신 → 십자가 → 부활 → 승천

↓

재림 ← 교회 ← 성령으로 오심

적용질문

1. 우리의 삶과 세상 가운데서 예수 그리스도의 이름의 능력이 나타나고 있는가? 우리 주님은 합당한 영광을 받고 계신가?

2. 아직 하나님을 알지 못하는 사람들에게 예수님 안에 있는 능력을 전하기 위해 우리가 할 수 있는 일은 무엇인가?

3. 하나님의 충만한 능력이 우리 교회 가운데 나타나도록 하기 위해서 우리가 할 수 있는 일은 무엇인가?

4. 이 땅의 통치자가 되신 예수 그리스도를 따르는 우리가 이 땅의 역사를 책임지기 위해 지금 우리 삶의 자리에서 할 수 있는 것은 무엇인가?

3. 만물을 통일시키시는 교회의 머리 되신 예수님(엡 1 : 22b – 23)

1) 만물 위에 교회의 머리로 삼으심(엡 1 : 22b)

Q1 하나님께서는 십자가, 부활, 승천하신 예수 그리스도를 어떤 위치에 세우셨는가?

Q2 그리스도가 교회의 머리가 되셨다는 것은 무엇을 의미하는가?

그리스도가 교회의 머리가 되셨다는 것은 그분이 교회에 생명을 부여하시는 분이시며 교회의 주인이 되심을 시사한다(Bruce, Foulkes). 교회는 그리스도를 적대하는 모든 세력에 대해 대항할 권세와 능력을 소유하고 있다. 왜냐하면 교회는 그리스도를 주인으로 모시고 있으며 그리스도께서 교회를 인도하시고 보호하시기 때문이다(Wood).

적용질문

1. 그리스도는 교회의 머리 되신다. 나는 그리스도의 머리 되심을 인정하고 그 권위와 명

령에 복종하고 있는가?

2. 만물은 교회의 발아래 있어야 한다. 돈, 정치, 권력, 명예, 정욕, 세상적인 가치관, 숫자, 평판 등, 이 모든 것에서 교회가 자유하다고 생각하는가?

3. 그리스도의 주 되심, 만물 위에 우뚝 서심을 통하여 우리는 어떤 혜택을 입는가?

2) 교회는 그의 몸(엡 1 : 23a)

Q1 그리스도를 머리로 하는 성도의 정체성은 무엇인가?

____

Q2 그리스도를 머리로 모시기 위해 우리가 해야 할 일은 무엇인가?

____

그리스도를 머리로 모시는 것을 성경에서는 주로 고백한다고 말하고 있다. 그리스도를 머리와 주로 받아들이려면 나 자신이 주인의 자리를 내어놓고 자기 부인을 해야 한다. 이것이 내가 죽는 것이며 바로 십자가의 도이다.

Q3 교회의 머리이신 그리스도와 그리스도의 몸인 교회의 유기적 관계는 무엇을 의미하는가?

____

그분의 몸인 교회는 그리스도의 충만이다. 높이 올리어진 머리 되신 그리스도는 자신의 몸인 교회 없이는 완전할 수가 없다. 몸은 여러 부분의 집합체로 친밀하고 유기적이고 생명적이며 살아 있는 연결이다(고전 12 : 13). 생명을 함께 나누는 유기적인 것이라는 점에서 신비적인 연합이며 불가분의 영적인 연합이다. 그리스도인은 이 세상에서 독립적으로 활동하는 것이 아니라, 교회의 머리이신 그리스도에게서 모든 생명이 나오고 그의 몸의 지체는 그 안에서 활동한다. 예수 그리스도께서 교회의 머리가 되신다는 개념에는 "나는 매우 작고 중요하지 않은 지체이지만, 그리스도의 몸의 지체이다. 나는 현재 그분 안에 거하고 있다. 그러므로 고난과 좌절에 직면한다 할지라도 머리이신 그리스도의 생명이 내 안에 있고, 나는 그분과 연결되어 있으므로 결국 승리할 것이다."라는 고백이 함축되어 있다. 우리는 비록 연약하지만 우리 안에 있는 무한한 하나님의 능력이 능력에서 능력으로, 영광에서 영광으로 나아가게 할 것이며, 마침내 그리스도의 장성한 분량이 충만한 데까지 도달하게 할 것이다.

적용질문

1. 내가 그리스도의 승리와 부요함을 지속적으로 공급받을 수 있는 비결은 무엇인가?

2. 교회가 그리스도의 몸이라는 말씀은 머리의 부요함이 늘 몸과 연결되어 교통해야 한다는 이야기이다. 교회가 머리의 부요함을 온 지체에게까지 흘려보낼 수 있도록 하는 방법은 무엇인가?

3. 몸의 부요함은 머리와의 관계에 의해 결정된다. 지체의 부요함은 몸과의 관계이다. 나는 지체로서 머리와 몸의 풍성함을 내 것으로 누리기 위하여 어떤 원칙을 가지고 살아가는가?

3) 교회를 통하여 만물을 충만하게 하심(엡 1 : 23b)

Q1 그리스도를 머리로 하는 교회가 만물에게 충만함을 전달해 주어야 한다. 하나님의 충만하심의 법적 진행(생명의 유통)을 정리해 보라(엡 1 : 23b, 골 2 : 9－15).

만물을 충만하게 하는 교회

① 만물을 그리스도의 발아래 복종하게 하신다.

② 만물 위에 교회를 두심 : 교회는 만물 위에 있다.

③ 그를 교회의 머리로 삼으심 : 머리가 몸을 보호하고 몸을 통제하고 공급함, 교회 안에 충만한 것은 그리스도이어야 한다.

④ 교회를 통하여 만물을 충만하게 하심 : 교회의 충만함이 만물에게로 흘러가 마침내 그리스도로 충만하게 된다.

교회는 그리스도의 부활의 능력이며 존귀하게 되신 그리스도의 모습이다. 어떤 시련이나 음부의 권세도 두려워하지 말아야 한다. 하나님 우편의 다스림의 권좌가 교회의 자리이다. 그리스도를 승귀(昇貴)하게 한 능력이 동일하게 역사하고 있기 때문이다. 교회는 통치와 권세와 능력들 위에 있으므로 이 시대와 역사를 다스리고 정복해야 한다. 우리 주님이 이미 그 위치를 점거하셨기 때문이다. 오늘 교회가 그리스도의 비밀이며(엡 3 : 4) 하나님께서는 교회를 통하여 구속사의 마지막 완성을 이루신다.

적용질문

1. 나의 신앙은 예수님이 교회의 머리 되심을 인정하는 신앙의 모습인가? 그렇다면 그리스도께서 교회의 머리 되시며 내 삶의 주권자 되심을 입증하는 삶의 구체적인 간증을 나누어 보자.

2. 교회는 그리스도의 몸이며 오직 그리스도로 충만해야 하는 곳이다. 우리 교회와 나는 그리스도로 충만한가?

3. 만물을 충만하게 하는 일을 위하여 쓰임받는 교회, 지체가 되려면 어떻게 해야 하는가?

에베소서 1장의 정리

삼위일체 하나님의 우주적인 구원의 경륜 : 구속사

교회는 그의 몸이니 만물 안에서 만물을 충만하게 하시는 이의 충만함이니라(엡 1 : 23)

삼위 하나님의 구원 계획(엡 1 : 1－14) : 하늘에 속한 모든 신령한 복을 가진 아들들

창세전에 그리스도 안에서 예정 → 거룩한 아들 → 피의 속량 → 우리가 그의 기업이 됨 → 성령의 인 치심 → 그의 영광을 찬미함

구원의 역사는 창조 시의 역사와 동일하게 삼위 하나님의 공동 작품이다. 성부께서 아들로 계획하셨고(엡 1 : 4－6), 성자께서 속량하기 위해 값을 치루셨고(엡 1 : 7－12), 성령께서 그것을 보증하셨다(엡 1 : 13－14). 즉, 삼위일체 하나님의 역사가 구원을 이루고 우리를 후사로서의 자격을 갖춘 거룩한 아들이 되게 하였으며 속량함을 받아 하나님의 기업이 되게 하셨다. 성령님은 우리의 보증이 되어 주셔서 우리는 결국 주의 놀라운 구원의 역사를 찬송하고 간증하는 수준에까지 도달하게 된다. 구원의 역사를 알게 되면 찬송으로 시작하여 찬송으로 끝이 난다. 에베소서가 말하는 구원은 이렇게 크고 거룩하고 영광스럽다.

1) 성부 하나님의 선택(엡 1 : 3－6), 예정
그리스도 안에서 택하심, 거룩하고 흠 없는 아들로 은혜의 영광을 찬송하게 하신다.

2) 성자 예수님의 구속(엡 1 : 7－12)
하늘과 땅이 그리스도 안에서 통일되게 하시고 우리가 그의 기업이 됨, 그의 영광의 찬송이 되게 하려 하신다.

3) 성령님의 인 치심과 보증(엡 1 : 13－14)
진리의 말씀, 곧 구원의 복음을 듣고 믿음, 약속의 성령으로 인 치시고 보증하심, 그의 영광을 찬송하게 하기 위함이다.

눈이 열리기를 원하는 바울의 3가지 기도(엡 1 : 15－19) : 부르심의 소망, 그 기업의 영광의 풍성함, 믿는 우리에게 역사하고 있는 그의 힘의 위력

바울 사도는 이 비밀한 경륜을 에베소의 성도들이 깨닫기 원했다. 지혜와 계시, 마음의 눈이 열려서 이 비밀한 하나님의 경륜의 성취를 성도들이 보기를 원했다. 부르심의 소망, 그 기업의 영광의 풍성함, 믿는 우리에게 역사하고 있는 그의 힘의 위력이 얼마나 큰지 알기를 원했다. 이 힘은 결국 그리스도에게서 교회에게로 흘러가 만물까지도 구속하는 완성을 가져올 힘이다.

1) 목자가 교회의 상황을 듣고 감사하며 그들을 위해 기도함(엡 1 : 15－16)
2) 지혜와 계시의 정신, 마음의 눈이 밝아져 하나님을 바로 알기를 구함(엡 1 : 17－18a)
3) 부르심의 소망, 기업의 영광의 풍성함, 믿는 자에게 역사하시는 능력의 크심을 알게 하시기를 구함(엡 1 : 18b－19)

구원의 완성 : 땅을 구속하기 위한 교회의 역할(엡 1 : 20－23)

십자가, 부활, 승천, 교회가 충만해지고, 그 교회의 충만함이 이방인에게 흘러 결국 만물을 충만하게 한다.

참된 교회는 삼위 하나님의 구원을 경험한 하나님의 아들들로 구성된다. 교회는 십자가, 부활, 승천을 경험하신 그리스도를 따라 함께 하늘 보좌에 오르며 머리 되신 그리스도의 충만하심을 만물 가운데 전달하는 역할을 감당하게 된다. 교회는 예수님의 뜻을 받들어 타락한 이 역사, 피폐해진 만물을 다시 원상으로 돌이킬 그리스도의 몸으로서, 머리 되신 그리스도와의 교통, 몸 안에 있는 지체 간의 연합, 만물에게로 흘러가야 할 그리스도의 충만함을 유통시켜야 한다.

1) 그 능력이 먼저 그리스도를 죽음에서 부활, 승천하게 함(엡 1 : 20)

2) 모든 통치와 권세와 능력과 주권과 모든 이름 위에 뛰어나게 하심(엡 1 : 21)

3) 만물 위에 교회의 머리가 되셔서 교회를 통하여 만물을 충만하게 하심(엡 1 : 22－23)

구원의 프로세스 : 하나님 → 예수님 → 교회(이방인) → 만물

허물로 죽은 우리를

그리스도와 함께 살리셨고

(너희는 은혜로 구원을 받은 것이라)

또 함께 일으키사

그리스도 예수 안에서

함께 하늘에 앉히시니

엡 2 : 5-6

제3강

내가 그리스도와 함께

에베소서 2장

3

내가 그리스도와 함께

에베소서 2장

구원받기 전의 상태와 하나님의 경륜적 구원 계획

에베소서 2장은 그리스도인들이 구원받기 전의 상태를 먼저 보여 준다. 우리는 사탄의 노예가 되어 허물과 죄로 죽어 마음과 육체까지도 충동을 따라 살았던 본질상 진노의 자식이었다. 이런 우리를 이미 하늘에 오르셔서 하늘과 땅의 통치권을 얻으신 그리스도와 '함께'의 수준으로 끄집어 올려 우리를 통해 구속사를 완성시킬 아버지의 경륜적 구원 계획을 가르쳐 준다.

· 그리스도와 동일시된 우리 : 그리스도와 연합을 통해 그리스도의 십자가, 부활, 승천의 은총을 입고 부르심을 받아 이 땅에서 한 새사람, 하나님의 권속(오이코스)이 되어 성전이 되고 아버지의 거하실 처소로 함께 지어져 간다.

초기 그리스도인들은 유대인들이 주를 이루었고, 그들이 볼 수 있었던 성경은 모두 유대인의 언어인 히브리어나 아람어로 되어 있다. 또 그들의 구세주가 유대인이었다는 사실을 생각해 볼 때 그 시대의 이방인들이 느꼈을 소외감, 이질감이 어떠했을까를 짐작할 수 있다. 사도 바울의 서신을 읽은 사람들은 대부분 이방의 그리스도인들이었다. 에베소서 2장에서 사도는 유대인과 이방인 사이의 차이점을 분명히 인정하면서도 그리스도 안에서 이제는 한 새사람이 되고, 한 몸이 되어 하나님을 모시고 사는 거룩한 성전으로 함께 세워져 감을 설명하고 있다.

· 예수 그리스도의 십자가, 부활, 승천 : 우리를 '그리스도와 함께'의 위치로 격상시키기 위한 하나님의 구속의 경륜이며 우리에 대한 법적 근거이다.

[본문읽기 질문]

1. 우리는 무엇으로 죽은 상태였는가?
2. 죽었던 우리는 무엇을 따랐는가?
3. 에베소서 2 : 5~6에서 자주 반복되는 단어와 그 횟수는 어떻게 되는가?
4. ( ) 안에 들어갈 단어를 본문에서 찾아보자.
   "허물로 죽은 우리를 그리스도와 함께 (　　　　　) (너희는 은혜로 구원을 받은 것이라) 또 함께 (　　　　　　　　) 그리스도 예수 안에서 함께 (　　　　　　　　　　　　)"(엡 2 : 5-6).
5. ( ) 안에 들어갈 단어를 본문에서 찾아보자.
   "너희는 그 은혜에 의하여 믿음으로 말미암아 구원을 받았으니 이것은 너희에게서 난 것이 아니요 하나님의 (　　　)이라"(엡 2 : 8).
6. 우리는 무엇을 위하여 지으심을 받았는가?
7. 하나님과 멀리 있던 우리는 무엇으로 다시 가까워졌는가?
8. ( ) 안에 들어갈 단어를 본문에서 찾아보자.
   "그는 우리의 (　　　)이신지라"(엡 2 : 14a).
9. ( ) 안에 들어갈 단어를 본문에서 찾아보자.
   "너희는 사도들과 선지자들의 터 위에 세우심을 입은 자라 그리스도 예수께서 친히 (　　　　)이 되셨느니라"(엡 2 : 20).
10. 우리는 무엇을 위하여 예수 안에서 함께 지어져 가는가?

1. 허물과 죄로 죽었던 과거의 나 : 우리의 전날의 상태(엡 2 : 1-3)

1) 타락한 상태로 태어난 나(엡 2 : 1)

Q1 과거 우리(나)의 상태가 어떠했는가?

Q2 "허물과 죄로 죽었던 너희를"이란 어떤 상태를 말하는가?(사 1 : 4, 롬 6 : 23, 7 : 10)

"허물과 죄로 죽었다."라는 표현은 육체적인 죽음이 아닌 영적인 죽음의 상태로 하나님과의 단절을 의미하거나 혹은 하나님을 배반하고 있는 상태를 말한다. 우리의 영혼은 다시 하나님과 연결되는 것만이 곧 참되고 유일한 생명을 얻는 길이다.

성경에서 영적으로 죽음이란 단어의 핵심 의미는 '분리'이다. 이것은 단순히 영혼과 육체의 분리를 말하는 것이 아니라 하나님께서 금하신 선악을 알게 하는 열매를 먹는 순간 하나님과 분리되어 하나님의 말씀을 불신앙하고 불순종하는 것을 말한다. 그 분리의 증상으로 사람은 하나님을 피하기 시작하고 자신을 방어하기 위한 변명을 늘어놓기 시작하고 죄에 대한 책임을 전가하게 된다.

적용질문

1. '살리셨도다'라는 개념은 구원을 주셨다는 말씀인데, 오늘 나의 삶에 이 말씀은 어떤 의미가 있는가?

2. 주님이 오셔서 내 삶을 살리겠다고 말씀하신다면 나의 어떤 부분을 치료하고, 회복시켜 달라고 요청하겠는가?

2) 사탄의 세 가지 공격(엡 2 : 2-3)

Q1 죽음의 상태에 있었던 우리들이 따른 것은 무엇인가?

Q2 타락한 우리의 상태를 밖, 위, 내면으로 나누어 설명해 보자.

____________________ : 밖 – 세상 가치관, 문화, 시대의 흐름(엡 2 : 2a)
____________________ : 위 – 영적인 문제, 죄의 문제(엡 2 : 2b)
____________________ : 내면 – 본능적, 충동적인 육성(엡 2 : 3a)

위의 세 가지 공격은 성부, 성자, 성령, 삼위 하나님을 대적하는 사탄의 정체이다. 태초에 세상은 삼위 하나님의 합동 작업으로 창조되었고, 우리는 삼위 하나님의 합동 작업(엡 1장)으로 구원받았다. 죄는 이러한 성부, 성자, 성령 하나님의 구원과 뜻을 거절하는 행위이다. 사람 안에는 하나님의 창조의 특성을 따라 세 방면의 영역이 있다. 목사가 예배 때마다 성도들을 격려하고 위로하고 축복하는 내용이다. 우리는 이를 '축도'라고 부른다. 또 교회는 계속 세 방면으로 무장할 수 있도록 교육하고 훈련해야 한다.

Q3 사탄의 이 세 방면의 공격으로부터 무장하기 위해 목사님들은 매 예배 때마다 무엇을 하는가?(고후 13 : 13)

____

삼위 하나님의 창조	축도	마귀의 시험			
		창 3 : 6	엡 2 : 1–3	약 3 : 15	요일 2 : 16
성부	사랑	보암즉	이 세상 풍속을 따르고	세상적	안목의 정욕
성자	은혜	지혜롭게 할 만큼 탐스러움	공중권세 잡은 자를 따름	마귀적	이생의 자랑
성령	교통	먹음직	육체와 마음이 원하는 대로 행함	정욕적	육신의 정욕

적용질문

1. '은혜'가 지속적으로 공급되어 끊어지지 않기 위하여 나는 어떤 결단을 가지고 있는가?

2. 영적 '교통'을 위하여 말씀과 기도의 삶에 대한 계획을 가지고 있는가?

3) 본질상 진노의 자녀(엡 2 : 3)

Q1 바울은 우리가 죽었을 때 본질상 진노의 자녀였다고 말한다. 진노의 자녀의 특징은 무엇인가?

____

Q2 사탄에게 노예가 되어 있는 사람들, 광야 백성의 특징은 무엇인가?(엡 2 : 1－3)

____

하나님께서는 우리가 구원받은 이후에도 연약함 때문에 진리대로 살지 못하는 것을 잘 아시기에 우선 신앙의 기준을 가르쳐 주신 후 세례를 받게 하신다. 유월절이 하나님 쪽에서 은혜로 접근하셔서 맺어진 피의 언약이라면 세례는 우리의 동의하에 맺어진 더욱 진일보한 언약이다. 세례 이후에 하나님께서는 우리를 하나님의 사람으로 훈련시키시고 칭의의 은총을 경험한 이후에 바로 성화의 성숙됨과 순종의 삶으로 이끄시기 위하여 광야 훈련을 시작하신다. 그러나 불순종이 우리의 본질이기 때문에 하나님께 순종하는 것이 사실상 불가능하며 이 불순종의 심각성은 권위에 대한 싸움이라는 것에 있다. 즉, 불순종은 하나님 대신 자기가 왕이 되어서 자신이 피조물임을 부인하는 표현이다. 그러므로 우리가 무엇을, 누구를 좇느냐에 따라 우리의 미래와 운명이 정해질 수 있다.

신약 시대 : 세례와 사탄의 공격 비교

- **세상과 벗 되게 하며 ____________과 원수가 되게 한다(엡 2 : 2, 약 4 : 4).**
- **자꾸 _________하게 하여 하나님의 아들 됨의 능력을 상실하게 한다(엡 2 : 3, 요일 3 : 8－9).**
- **_______의 역사를 대적하게 한다(엡 2 : 3, 갈 5 : 16－17).**

적용질문

1. 신자는 자신이 스스로 피조물임을 인정하고, 불신자는 자신이 주인이라고 생각한다. 내 삶, 내 생각 속에서 나는 신자인가, 불신자인가?

2. 훈련하지 않는 영적인 게으름과 불순종이 개인 또는 교회에 어떤 결과를 가져오는가?

3. 성령의 감동을 소멸하고 망설였던 경험이 있는가?

2. 새로운 지위 : 우리가 얻은 구원 – 그리스도와 동일시됨(엡 2 : 4 – 10)

1) 그리스도와 함께 죽고, 함께 살고, 함께 하늘에 앉힌 바 됨(엡 2 : 4 – 6)

제 3 강

Q1 그리스도와 연합한 자가 되는 방법은 무엇인가?

____

Q2 함께 십자가, 함께 부활, 함께 승천에 참여했을 때 우리가 누리는 법적 지위는 무엇인가?

____

Q3 우리가 얻은 법적 지위의 의미는 무엇인가?

____

Q4 우리가 얻은 법적 지위를 지속, 유지하기 위한 방법이 무엇인가?

____

- ________ : **죄와 심판에 대하여 해결된 자(골 2 : 14 – 15)**
- ________ : **거듭난 자(벧전 1 : 3, 요 3 : 3, 5)**
- ________ : **영광과 존귀로 관을 쓴 자(히 2 : 9 – 10)**
- ________ : **이 약속을 누림(골 2 : 11 – 13, 3 : 1 – 4)**

우리는 그리스도와 연합함으로 함께 살아났고, 함께 일으킴을 받았으며, 함께 하늘에 앉아 있다. 하나님께서 이 일을 행하신 이유는 자비가 풍성하시며 사랑이 크시기 때문이다. 우리는 그리스도 안에서 새로운 지위를 갖는다. 한국의 대통령은 육신적으로 어느 곳에 있든지 그의 지위로 말미암아 권력과 권위가 부여된다. 그리스도인도 이와 같다. 우리가 육신적으로 어디에 있든지(바울은 이 편지를 쓸 때 감옥에 있었다.) 우리는 그리스도 안에 있는 우리의 지위로 말미암아 삶의 영역에서 능력과 권위를 가지고 있다.

적용질문

1. 그리스도와 연합함으로 법적으로 동일시될 수 있는 조건은 무엇인가?(골 2 : 11 – 13)

2. 나는 세례받은 자로서 날마다 자기를 부인하는 훈련을 하고 있는가? 자기 부인에 대한 최근의 실례를 나누어 보자(눅 9 : 23).

2) 그 은혜의 지극히 풍성함을 오는 여러 세대에 나타내려 함(엡 2 : 7 – 9)

Q1 하나님께서 우리를 선택하시고 구원하신 것은 선한 일을 하도록 하시기 위함이다. 하나님께서 우리에게 하기를 원하시는 선한 일은 무엇인가?(엡 2 : 7)

____

Q2 우리는 구원을 어떻게 받는가?(엡 2 : 8)

____

Q3 하나님께서 우리를 구원하시는 구원의 제일 되는 목적은 무엇인가?

____

"은혜에 의하여 믿음으로 말미암아 구원을 받았으니"라는 말씀은 구원의 두 가지 조건을 말한다. '은혜'는 하나님 편에서 주신 것이고, '믿음'은 인간 편에서의 태도이다. 또 하나님의 영광이 구원의 목적이라면, 마귀의 목적은 하나님의 영광을 파괴하고 허무는 것이다.

적용질문

1. 베푸신 은혜에 의하여 믿음으로 말미암아 구원을 얻었다. 나는 언제 하나님을 인격적으로 만났는가? 구원 경험에 대하여 간증해 보자.

2. 하나님의 구원의 은혜가 내 삶에 끼친 영향력은 무엇인가? 나에게 어떤 삶의 변화를 가져왔는가?

3. 내가 경험한 그 은혜의 풍성함은 어떠한가? 나는 어느 계층, 어느 세대를 향하여 복음을 전하도록 부름을 받았는가?

3) 우리는 선한 일을 위하여 지으심을 받은 하나님의 작품(엡 2 : 10)

Q1 하나님께서 우리를 지으신 이유는 무엇인가?

____

Q2 "우리는 그가 만드신 바라"의 의미는 무엇인가?(엡 2 : 10, 4 : 22－24)

____

'만드신 바라'(포이에마 : ποίημα, 작품)란 새 창조의 은혜의 선물이다. 상품은 쉽게 찍어서 만들지만 작품은 천천히 세심하게 부분 부분을 빚어서 만든다. 하나님은 우리의 구원을 그렇게 쉽게, 빠르게, 가볍게 다루지 않으시고 작품으로 빚으신다. 우리는 구원이 단회적이면서도 점진적이라고 고백할 수 있다. 하나님께서 그리스도 안에서 구원하신 성도들은 그분의 새 창조물(작품)이다(엡 4 : 24, 고후 5 : 17, 갈 6 : 15, 골 3 : 10).

Q3 우리가 받은 구원의 모습은 어떠한가?

구원의 ______(엡 2 : 7) : 그 은혜의 풍성함을 오는 여러 세대에 나타내려 하심
구원의 ______(엡 2 : 7) : 은혜에 의하여, 믿음으로 말미암아
구원의 ______(엡 2 : 8b) : 하나님으로부터 온 선물
구원의 은혜가 은혜 되도록 하기 위한 제한점(엡 2 : 9) : ______________
구원은 하나님의 ________(엡 2 : 10a) : 우리는 그의 만드신 걸작품, 성부, 성자, 성령이 심혈을 기울인 대작(masterpiece)으로 가치가 있는 존재이다.
구원의 ______(엡 2 : 10b) : 그리스도 예수 안에서 선한 일을 위해 지음받음－주님의 대행자로서의 삶을 살아야 한다.
구원을 통한 하나님의 경륜의 이행(엡 2 : 10c) : 이 일은 전에 예비하신 것인데 우리로 그 가운데서 행하게 하려 하심이다.

'선한 일'은 구원을 얻기 위한 행위가 아니라 구원에서 비롯된 열매로써(Bruce), 하나님과 인간관계의 목표이다(Lincoln).

적용질문

1. 위의 내용들로 봐서 당신이 새롭게 이해한 구원에 대한 전체적인 개념을 어떻게 설명할 수 있는가?

2. 이러한 신분, 위치의 격상을 통하여 당신이 얻은 것은 무엇인가? 나의 옛 사람으로부터의 탈출과 하나님에게로의 성장에 대하여 무엇을 기대할 수 있는가?

3. "나는 하나님의 작품이다."라는 관점에서 지금 나는 어떤 존재라고 생각하는가? 어떻게 훈련시키셨는가? 지금 어떤 선한 일을 위하여 사용하고 계신가?

3. 한 새사람 : 하나님의 거처로 세워져 감(엡 2 : 11－22)

1) '그때에' : 전날의 신분(엡 2 : 11－12)

Q1 예수님을 만나기 전의 상태를 어떻게 묘사하고 있는가?

____

Q2 이방인이었던 우리의 전날의 상태는 어떠했는가?

① 보이는 외부적 자격(엡 2 : 11)

__________ : 혈통이나 출생이 유대인이 아니다.

__________ : 할례는 엄격한 신분상의 구별선

② 하나님의 언약 관계(엡 2 : 12a)

__________ : 메시야의 약속과는 거리가 먼 사람들

__________ : 하나님의 선민으로서의 특권을 갖지 못한다.

__________ : 언약은 하나님과 이스라엘과의 특별한 관계이다.

③ 영적인 소망(엡 2 : 12b)

__________ : 영생의 소망이 없었다.

__________ : 구원도, 생명도 없는 자

적용질문

1. 구원 이전, 그리스도를 만나기 이전의 나의 상태를 어떻게 묘사할 수 있는가?

2. 복음 안에 들어온 이후에 나타난 나의 변화에 대해 이웃들의 증언, 격려가 있는가? 어떻게 표현하는가?

3. 지금 그리스도는, 복음은 나에게 어떤 의미가 있는가?

제3강

2) '이제는' : 현재의 신분(엡 2 : 13-18)

Q1 하나님께서 그리스도를 통해서 우리에게 행하신 일은 무엇인가?(엡 2 : 15)

Q2 그리스도 안에서 둘이 하나가 됨을 살펴보자. 십자가를 통해 그리스도의 피로 가까워진 결과는 무엇인가?(엡 2 : 13-14)

예수님이 그리스도 안에서 모두 하나 되게 하시려고 그 벽과 같은 육체의 벽을 무너뜨리셨다(엡 2 : 15, 갈 3 : 28-29 참고). 또한 주님은 영적인 벽을 헐어서 '멀리 떨어져 있는' 이방인들을 가까이 데려오셨다(엡 2 : 13). 주님은 율법의 벽을 허무시고 십자가를 통하여 죄악된 유대인과 죄악된 이방인들을 '한 새사람', 즉 교회로 만드셨다.

Q3 십자가로 인해 법조문으로 된 계명의 율법이 폐하여진 결과는 무엇인가?(엡 2 : 15)

'법조문으로 된 계명의 율법'은 원수된 것(엡 2 : 14)을 수식하는 것으로 모세 율법 전체를 의미한다. 그리스도는 십자가의 대속적 죽음으로 율법을 폐하셨으며(롬 7 : 4, 갈 3 : 13), 율법에 의해 지배를 받던 옛 질서를 폐하셨다. 그러나 율법을 폐하셨다는 것은 유대인과 이방인으로 구성된 하나님의 새로운 백성이 율법을 지켜야 하는 의무에서 벗어났다는 의미이지 율법이 없어졌다는 뜻은 아니다. 도리어 믿음은 율법을 굳게 세운다.
둘로 자기 안에서 한 새사람을 지어 유대인과 이방인 사이에 있었던 벽을 허물어 화평하

게 만드는(엡 2 : 14) 것은 새 창조이다. 새 창조로 이루어진 공동체는 유대인과 이방인이 연합하여 만들어진 완전히 새로운 공동체이다. 여기에서의 '한 새사람'은 개인적인 존재를 말하지 않고 그리스도의 몸으로서의 교회를 말한다(고전 12 : 12–13, 엡 1 : 22–23).

Q4 유대인과 이방인을 한 몸으로 화목하게 하려 하신 이유는 무엇인가?(엡 2 : 16–18)

___

Q5 화목, 연합의 단계를 통해 그리스도의 몸을 이루어 가는 과정은 어떠한가?(엡 1 : 10, 롬 8 : 19–21, 엡 4 : 9–10)

______과의 화목 : 속죄받은 자로서 나 자신을 수용, 용납해야 한다.

______과의 화목 : 은혜를 받은 자로서 서로 간에 벽을 허물고 화목해야 한다(유대인과의 화목, 이방인과의 연합).

우리가 _______이 되어 하나님과 화목 : 하나님이 원하시는 목표는 교회이다.

__________를 통해 ______과 하나님의 화목 : 교회가 그리스도의 충만함을 흘려보내 만물을 충만하게 함으로 하늘과 땅이 통일되는 일이 구속사의 완성이다.

적용질문

1. 전에는 멀리 있었지만 복음 때문에 가까워진 사람이 있는가?

2. 함께 교회로 연합되어지기 위하여 섬기고 있는 영혼이 있는가?

3) '그러므로' : 하나님의 거하실 처소로 함께 지어져 감(엡 2 : 19–22)

Q1 이 새로운 건물의 모퉁잇돌을 예수님이라고 표현한 이유는 무엇인가?(엡 2 : 20–21)

___

Q2 예수 그리스도를 통해 우리를 성전으로 지어 가시는 이유는 무엇인가?

___

성전은 하나님께서 거하시는 처소인데 지금 지어져 가고 있다(골 2 : 12, 3 : 1, 빌 3 : 20, 마 16 : 19). 하나님께서 우리를 이렇게 성전 삼으시려 하는 이유는 함께 살면서 그 영향을 받아 우리가 하나님을 대행하고 하나님을 드러내는 삶을 살기를 원하시기 때문이다. 이제 우리는 하나의 작은 성전이 되어 내 안에 계신 예수님, 하나님, 성령님으로 인해 건물마다 연결되어 주 안에서 큰 성전이 되어 간다.

Q3 구속사의 중심에 서 있는 교회는 어떤 교회인가?

____________으로서의 교회(엡 2 : 19) : 가족으로서의 신분의 보장, 권리를 얻는다.
____________의 기초 위에 세워진 교회(엡 2 : 20) : 그리스도가 그 중심이 되신다.
____________로서의 교회(엡 2 : 21－22) : 성령 안에서 하나님께서 거하실 처소가 된다.

바울은 교회를 성전으로 비유하며 본 장을 끝맺는다. 이들은 예루살렘에 있는 그들의 거룩한 성전을 존중하고 있다. 실제로 각각의 신자들은 살아 있는 성전을 세우는 돌들이다(벧전 2 : 4－8). 사도들과 선지자들(신약 선지자들, 엡 4 : 11)은 기초석이 아니다. 그리스도께서 모퉁잇돌이신 동시에 기초석이시다(고전 3 : 11). 오늘날 교회는 살아 있으며 성장하고 있는 성전이다. 그 성전이 완성되면 그리스도께서 돌아오실 것이며, 그 성전을 영광으로 인도해 가실 것이다. 하나님께서는 장막(출 40 : 34)과 솔로몬의 성전(대하 7 : 1)과 그리스도의 몸인 성전에 거하셨으며(요 1 : 14, 2 : 18－22), 이제는 각 신자 안에(고전 6 : 19－20) 그리고 교회 안에 거하신다(엡 2 : 21).

적용질문

1. 에베소서에서 구속사의 핵심은 교회이다. 내가 생각하는 교회의 개념들을 정리해 보자.

2. 현재 나의 모습은 교회로서 하나님을 모실 만한 성전인가? 하나님의 처소로 지어져 가면서 하나님과 원수 된 것, 버려야 할 행동이나 관습, 생각에는 어떤 것들이 있는가?

3. 예수님은 중간에 막힌 담을 허셨다. 우리 사회와 문화권 안에는 어떤 담들이 있는가? 우리 교회에는 이런 장벽이 없는가?

에베소서 2장의 정리

우리가 땅에 있는 하나님의 거처임

아들들에게 주신 하늘에 속한 신령한 복들 : 함께, 만드신 바, 한 몸

그리스도와 함께 죽고, 함께 살고, 함께 하늘에 앉힌 바 된 존재임을 알라(엡 2 : 5–6).

- **'함께' 의식**

하나님께서 우리를 그리스도와 함께 십자가, 부활, 승천의 자리에 세우셨음을 인정하는가? 이 은총을 누리기 위해서는 믿음과 자기 부인이 필요하다.

• **'작품(만드신 바)' 의식**

하나님께서 오랜 세월 심혈을 기울여 그분의 형상으로, 대행자로 만드신 작품임을 인정하는가? 하나님의 선한 일을 위하여 우리 스스로를 잘 사용해야 한다.

• **'한 몸' 의식**

전에 멀리 있던 관계들이 한 성령으로 연합하여 예수 그리스도의 몸으로 함께 지어져 가고 있는가? 성전, 교회를 통하여 하늘과 땅을 통일시키시려는 구속사의 완성을 기억하고 살아야 한다.

1) 허물과 죄로 죽었던 나, 본질상 진노의 자녀들(엡 2 : 1－3) : 우리의 과거

이 악한 것들로부터 구원받아 하나님의 성전이 되었다.

2) 그리스도와 동일시됨(엡 2 : 4－6) : 우리의 현재

믿음으로 구원받고 세례로 동일시됨

그리스도와 함께 죽고, 함께 살고, 함께 하늘에 앉힌 바 된 영광스러운 존재가 됨

3) 그 풍성하신 은혜를 오는 여러 세대에 나타내려 함(엡 2 : 7－10) : 우리의 미래

하나님의 포이에마(작품)로 빚어 선한 일을 행하게 하려고 하심

4) 하나님의 거처로 세워져 감(엡 2 : 11－22)

· 그때에 : 전날의 신분(엡 2 : 11－12)

· 이제는 : 현재의 신분(엡 2 : 13－18)

· 그러므로 : 하나님의 거하실 처소로 함께 지어져 감(엡 2 : 19－22)

예수님의 십자가, 부활, 승천은 이러한 엄청난 축복을 약속으로 주심에 대한 법적 근거이며, 믿음과 세례는 법적으로 동일시의 약속을 보장해 준다. 지체와 지체가 성령 안에서 서로 연결, 교통, 연합하여 그리스도의 몸으로 세워져 간다. 이 교회 안에 하늘에 속한 모든 신령한 복을 주심은 이 땅의 상속자로, 이 역사를 책임지는 장자로 세우기 위함이다. 이 교회의 비밀은 부부 관계로, 부모와 자녀 관계로, 주종(노사) 관계로, 하늘의 영들과 싸우는 군인으로, 우리 주님의 신부로서의 교회로, 만물을 충만하게 하는 그리스도의 충만하심으로 이어져 갈 것이다. 교회를 통하여 이루어 가시는 구속사의 비밀은 무궁무진하다.

이는 이방인들이

복음으로 말미암아

그리스도 예수 안에서

함께 상속자가 되고 함께 지체가 되고

함께 약속에 참여하는 자가 됨이라

엡 3 : 6

제4강

내가 이방인과 함께 : 유통의 복음

에베소서 3 : 1~13

4

내가 이방인과 함께 : 유통의 복음

에베소서 3 : 1~13

1이러므로 그리스도 예수의 일로 너희 이방인을 위하여 갇힌 자 된 나 바울이 말하거니와 2너희
를 위하여 내게 주신 하나님의 그 은혜의 경륜을 너희가 들었을 터이라 3곧 계시로 내게 비밀을
알게 하신 것은 내가 먼저 간단히 기록함과 같으니 4그것을 읽으면 내가 그리스도의 비밀을 깨달
은 것을 너희가 알 수 있으리라 5이제 그의 거룩한 사도들과 선지자들에게 성령으로 나타내신 것
같이 다른 세대에서는 사람의 아들들에게 알리지 아니하셨으니 6이는 이방인들이 복음으로 말
미암아 그리스도 예수 안에서 함께 상속자가 되고 함께 지체가 되고 함께 약속에 참여하는 자가
됨이라 7이 복음을 위하여 그의 능력이 역사하시는 대로 내게 주신 하나님의 은혜의 선물을 따
라 내가 일꾼이 되었노라 8모든 성도 중에 지극히 작은 자보다 더 작은 나에게 이 은혜를 주신 것
은 측량할 수 없는 그리스도의 풍성함을 이방인에게 전하게 하시고 9영원부터 만물을 창조하신
하나님 속에 감추어졌던 비밀의 경륜이 어떠한 것을 드러내게 하려 하심이라 10이는 이제 교회로
말미암아 하늘에 있는 통치자들과 권세들에게 하나님의 각종 지혜를 알게 하려 하심이니 11곧 영
원부터 우리 주 그리스도 예수 안에서 예정하신 뜻대로 하신 것이라 12우리가 그 안에서 그를 믿
음으로 말미암아 담대함과 확신을 가지고 하나님께 나아감을 얻느니라 13그러므로 너희에게 구
하노니 너희를 위한 나의 여러 환난에 대하여 낙심하지 말라 이는 너희의 영광이니라

에베소서는 영원 전부터 가지고 계셨던 하나님의 위대한 경륜을 노래한 책이기에 전체적인 구도를 이해하는 일이 중요하다.

에베소서 1장 : 하나님의 우주적 구원의 경륜 - 구속사

· 삼위 하나님의 구원 역사(엡 1 : 1-14) : 하늘에 속한 모든 신령한 복을 가진 아들들
· 사도 바울은 성도들의 눈이 열려 하나님의 구속사를 보기를 원함(엡 1 : 15-18) : 부르심의 소망, 기업의 영광의 풍성함, 우리에게 베푸신 능력의 지극히 크심
· 구속사의 완성(엡 1 : 19-23) : 하나님 → 예수 그리스도(십자가, 부활, 승천) → 교회 → 만물

에베소서 2장 : 내가 그리스도와 함께 죽고, 함께 살고, 함께 하늘에 앉힌 바 된 존재

· 우리의 과거(엡 2 : 1-3) : 허물과 죄로 죽었던 자, 본질상 진노의 자녀, 사탄의 노예
· 우리의 현재(엡 2 : 4-6) : 하나님의 은혜로 말미암아 그리스도와 동일시됨(믿음으로 구원, 세례로 동일시)
· 우리의 미래(엡 2 : 7-10) : 그 풍성하신 은혜를 오는 여러 세대에 나타내려 함이 땅에 세워지는 하나님의 거처, 성전, 교회(엡 2 : 11-22)

하나님의 자비와 그 은혜의 지극히 풍성하심이 진노의 자식이었던 우리를 그리스도와 동일한 법적 보장을 받는 작은 아들들로 구원하셨다. 그 구원의 목적은 그리스도께서 이루신 구속사의 전 과정에 참여하게 하여 함께 죽고, 함께 살리심을 받아, 함께 하늘에 앉고 그리스도 안에서 동일한 권리를 가지고 그와 연합함으로 이제는 내가 사는 것이 아닌 그가 내 안에 사시도록 하기 위함이다(엡 2 : 6-7, 10, 롬 8 : 29). 하나님의 구속사가 몸의 세워짐, 곧 교회를 통해서 완성되는 것이기에 우리는 이 '함께'의 복음을 더 확장시켜 나가야 한다.

'그리스도와 나의 함께'가 이제는 '나와 이방인의 함께'로 이어져야 한다. 예수님의 십자가, 부활, 승천의 구속 과정을 통해 내게 전달된 복음은 이제 우리의 수고를 통하여 이방인에게 전달되어 그들도 나와 동일한 권리와 책임을 갖도록 세운다. 이 하늘에 속한 모든 신령한 복은 유통이 되어 계속 흘러가서 온전한 그리스도의 몸을 이루고, 나의 삶의 현장에 영향을 끼치고 만물에게까지 흘러가 구속사의 완성을 기대할 수 있어야 한다.

[본문읽기 질문]

1. 구원의 역사를 이루어 가시는 계획을 의미하는 말을 찾아보라. '하나님의 은혜의 (　　)'
2. 하나님께서 계시로 바울이 알게 하신 것은 무엇인가?
3. 에베소서 3 : 6에서 반복되는 단어와 그 횟수는 어떻게 되는가?
4. ( ) 안에 들어갈 단어를 본문에서 찾아보자.
   "이는 이방인들이 복음으로 말미암아 그리스도 예수 안에서 함께 (　　　)가 되고 함께 (　　　)가 되고 함께 (　　　　　　　)가 됨이라"(엡 3 : 6).
5. 바울은 스스로를 어떻게 표현하는가?(엡 3 : 8)
6. ( ) 안에 들어갈 단어를 본문에서 찾아보자.
   "이는 이제 (　　　)로 말미암아 하늘에 있는 통치자들과 권세들에게 하나님의 각종 지혜를 알게 하려 하심이니"(엡 3 : 10).
7. ( ) 안에 들어갈 단어를 본문에서 찾아보자.
   "우리가 그 안에서 그를 (　　　)으로 말미암아 담대함과 확신을 가지고 하나님께 나아감을 얻느니라"(엡 3 : 12).

1. 그리스도의 비밀을 맡은 일꾼(엡 3 : 1-4)

1) 복음의 비밀 때문에 갇힌 자 된 바울(엡 3 : 1)

Q1 바울은 자신이 갇힌 이유를 무엇이라고 설명하는가?

____

Q2 에베소서 3 : 1의 각 문장이 구체적으로 의미하는 것들은 무엇인가?

"그리스도 예수의 일로" : ______________________________
"너희 이방인을 위하여" : ______________________________
"갇힌 자 된 나 바울은" : ______________________________

제4강

'갇힌 자'는 문자적 측면과 은유적 측면에서 사용되었다. 문자적으로 바울은 실제 구속당하였고, 은유적으로 그리스도에게 사로잡혀 예수 그리스도의 뜻을 따라 모든 수고를 감당한다. 사도 바울은 자신의 생명이신 그리스도 때문에 사로잡혀 산다고 고백한다. 바울에게 있어서 그리스도는 자신의 삶의 제한이요 삶을 결정하는 중요한 근거였다. 바울은 이 근거에 따라 자신이 맡은 그리스도를 위한 사역(엡 4 : 1, 딤후 1 : 8, 몬 1 : 9), 특히 이방인을 위한 사도로서의 사역(딤후 1 : 11-12)을 위해 로마로 갔으며 옥에 갇혔다. 바울은 그곳에서 로마의 많은 사람들을 만날 수 있었고 그들에게 예수 그리스도를 전했다.

적용질문

1. 나를 가두고 제한하는 사람은, 일은 무엇인가? 나는 무엇에 끌려 살고, 무엇에 갇혀 사는가?

2. 내게는 생애를 두고 절대로 놓쳐서는 안 될, 어떤 대가와 희생을 지불하고서라도 붙잡아야 할 절대 가치가 있는가?

3. 복음 때문에 희생하고, 손해 본 일이 있다면 나누어 보자.

2) 하나님의 그 은혜의 경륜을 따른 사역 : 성부 하나님의 경륜(엡 3 : 2)

Q1 바울이 고난의 사역을 능히 감당할 수 있었던 이유는 무엇인가?

____

Q2 하나님께서 구원의 역사를 이루어 가시는 적절한 계획을 무엇이라고 하는가?

____

Q3 에베소서 3 : 2에서 다음의 설명이 의미하는 말씀은 무엇인가?

"너희를 위하여" : ______________________________
"내게 주신" : ______________________________
"하나님의 그 은혜의 경륜" : ______________________________

'경륜'이란 단어의 핵심적인 개념은 가사(家事)를 잘 관리하고 꾸려 나가는 것으로, 하나님의 계획이나 경영, 관리와 같은 실제적인 행위를 의미하며, 이는 구약의 역사와 신약의 역사를 통해 구원의 역사를 이루어 가시는 적절한 계획에 잘 나타나 있다. 하나님께서는 하늘과 땅의 모든 것을 가정을 다스리듯 다스리고자 한다. 하나님께서는 우리를 아들로 삼으시고, 기업으로 삼으셔서 하늘과 땅에 있는 모든 것을 우리의 것으로 허락하셨다(엡 1 : 3－14). 만물이 우리의 것이고, 우리는 그리스도와 하나님의 것이다(고전 3 : 20－23). 그렇다면 우리는 하나님의 아들처럼, 만물의 주인처럼 이 땅과 이 역사를 관리해야 한다. 이는 우리에게 사명으로 이어진다. 하나님의 오이코노미아(경륜, 계획) 가운데, 우리의 오이코노미아(사명)가 있다. 하나님께서는 우주를 위한 경륜과 계획 속에 교회가 수행해야 할 여러 가지 사명을 주신다.

적용질문

1. 이 시대에 우리가 감당해야 할 하나님의 경륜은 무엇인가?

2. 나를 부르시고, 훈련시키시고, 이끄신 하나님께서 나를 통해 펼쳐 가기 원하시는 경륜적 사명은 무엇이라고 생각하는가?

3. 내가 섬기는 교회, 셀(구역, 속)을 향한 하나님의 경륜은 무엇인지 찾아보자.

3) 계시로 그리스도의 비밀을 알게 됨 : 성자 예수님의 은혜(엡 3 : 3-4, 1 : 9-10)

Q1 바울이 깨달은 비밀이 무엇인가?

Q2 하나님의 비밀은 무엇인가?(골 2 : 2)

Q3 예수 그리스도의 비밀은 무엇인가?(엡 2 : 19-21, 3 : 3-4)

비밀은 그리스도를 통해 성취된 복음으로 말미암아 이방인들도 유대인들과 동등하게 하나님 나라에 용납되고 하나님의 백성이 될 수 있다는 하나님의 계획을 담고 있다(행 26 : 17-18, 갈 1 : 16, Lincoln, Lenski, Meyer, Foulkes). '그리스도의 비밀'은 그리스도 안에 함축된 비밀, 즉 그리스도의 인격, 사역, 특별히 이방인을 하나님의 백성으로 연결 짓는 그의 구속적인 죽음을 가리키는 것으로, 이것이 곧 하나님의 비밀이다(Meyer, Bruce). 그리스도는 보이지 않는 하나님을 계시하는 '하나님의 비밀'이시며(골 1 : 26-27, 2 : 2) 이 비밀은 복음을 선포하는 가운데 나타난다(고전 2 : 1). 한때 이 비밀은 감추어졌던 것이지만 이제는 그리스도께서 하나님의 백성 가운데 거하심으로 밝히 드러난 것이다(요 16 : 13, 고전 2 : 12, 골 1 : 28).

적용질문

1. 바울은 자신이 깨달은 그리스도의 비밀을 자신 있게 말하고 있다. 나는 이러한 복음의 부요함, 구속사의 경륜적 비밀을 얼마나 누리고 있는가? 또 당당하게 전할 수 있는가?

2. 바울은 계시로 하나님의 비밀을 깨달았다. 그리고 에베소서의 수신자들은 이 글을 읽음으로써 하나님의 비밀을 알 수 있을 것이다. 나는 성경을 읽고 공부하기 위하여 얼마나 힘쓰고 있는가?

2. 교회의 비밀 : 이방인과 함께 상속자, 함께 지체, 함께 약속에 참여(엡 3 : 5-9)

1) 감추어 두었던 비밀(엡 3 : 5)

Q1 이 비밀은 누구에게 계시되었는가?

____

Q2 신약 시대에 계시된 복음의 비밀은 무엇인가?

____

- ____________________ : 교회는 사도와 선지자들을 통해(말씀을 전달하는 일을 위해 부름받은 자들) 이 땅에 세워진다.
- ____________________ : 그리스도의 몸은 성령의 교통의 역사를 통해 세워진다.
- ____________________ : 때가 찬 경륜, 이방인의 때가 열렸다.

하나님께서 복음의 비밀을 그 어느 시대보다 신약 시대의 사도와 선지자들에게 성령으로 분명히 알려 주셨다(롬 16 : 25-26, 골 1 : 26-27). 물론 모세, 엘리야 등 구약의 사람들도 복음의 비밀을 알고 있었지만(창 12 : 3, 22 : 18, 26 : 4, 28 : 14, 사 11 : 10, 49 : 6, 60 : 1-3), 구약의 성도에게 메시야의 오심으로 이스라엘만의 선택 개념이 무너지고 유대인과 이방인이 서로 완전히 동등한 위치에 놓여 새로운 유기체가 된다는 사실은 숨겨진 비밀이었다.

Q3 하나님의 교회는 어떻게 세워지는가?

____

- "____________________의 은혜의 경륜"(엡 3 : 2) : 은혜를 분배하시는 경륜적 섭리
- "____________________의 비밀"(엡 3 : 4) : 예수 그리스도가 전달되고 유통되어 우리가 그분의 몸으로 세워지는 비밀

• "________________으로 나타내신 것"(엡 3 : 5) : 그 전달, 유통을 성령께서 하신다는 말씀

하나님의 은혜는 그리스도를 이 땅에 보내시는 일이고, 신성의 충만하심을 가지고 이 땅에 오시는 그리스도께서는 성령님으로 말미암아 우리에게 나타나신다. 이러한 경륜적 은혜의 역사가 사람을 살리고 세워 교회를 이루며 이 교회를 통해 하나님 나라의 역사가 이루어진다.

적용질문

1. 내게 복음이 흘러들어 복음의 사람, 사역자가 되기까지의 훈련과 경로를 더듬어 정리해 보자.

2. 오늘 우리 시대에 이러한 하나님의 경륜적 복음 전파가 잘 진행되고 있다고 생각하는가?

3. 복음의 핵심은 전달의 방법이나 다양함이 아닌 그리스도이다. 교회, 선교, 복음 전파의 자리에서 그리스도의 풍성함(엡 3 : 8)이 흘러가고 있다고 생각하는가?

2) 이방인에게 드러난 비밀(엡 3 : 6)

Q1 바울을 통해 드러난 비밀의 경륜이 무엇인가? 그리스도 예수 안에서 이방인들에게 주어진 3가지 특권은 무엇인가?

____

Q2 "함께 상속자가 되고"의 의미는 무엇인가?

____

Q3 "함께 지체가 되고"의 의미는 무엇인가?

____

Q4 "함께 약속에 참여하는 자가 됨이라"의 의미는 무엇인가?

____

하나님의 경륜의 흐름 : 하나님 → 예수님 → 유대인 → 이방인(교회) → 만물

하나님께서 특별히 계획하신 구속의 역사가 교회이다. 주님은 그리스도의 몸인 교회를 하나님의 섭리, 예수 그리스도의 은혜, 성령님의 유통의 아름답고 영광스러운 구속의 일을 이 세상에 보여 주는 통로로 사용하신다. 그러므로 교회란 유대인, 이방인이 성령의 교통으로 그리스도의 생명을 전달받은 유기적인 몸이다(골 1 : 26–27).

적용질문

1. 내게 흘러들어 온 복음의 풍요로움을 이방인에게 그대로 흘려보내기 위하여 우리가 해야 할 일은 무엇인가?

2. 생명의 공급, 풍요로운 복음의 유통을 위하여 지금 내가 섬기고 있는 양은 누구인가? 구속사, 하나님 나라를 위하여 더 드릴 수 있는 헌신은 무엇인가?

3) 측량할 수 없는 그리스도의 풍성을 이방인에게 유통시키기 위한 일꾼(엡 3 : 7–9)

Q1 바울이 스스로 "이 복음을 위하여 내가 일꾼이 되었노라"라고 고백했는데, 이 복음이란 무엇을 의미하는가?

Q2 사도 바울은 무엇을 따라 복음의 일꾼이 되었는가?(엡 3 : 7)

Q3 사도 바울은 자기 자신을 무엇이라고 고백하는가?(엡 3 : 8, 고전 15 : 9–10, 딤전 1 : 15)

Q4 사도 바울의 사명은 무엇인가?(엡 3 : 9)

적용질문

1. 나는 누구로부터 이런 영적 풍성함을 공급받은 적이 있는가?

2. 측량할 수 없는 그리스도의 풍성함을 나는 어떻게 공급받고 있는가?

3. 영원부터 만물을 창조하신 하나님 속에 감추어졌던 비밀의 경륜이 어떠한 것을 드러내는 사역을 하고 있다고 자부하는가?

3. 교회를 통한 하나님의 경륜의 성취(엡 3 : 10－13)

1) 교회가 하늘의 통치자들과 권세들에게 하나님의 각종 지혜를 알게 하려 하심(엡 3 : 10)

제4강

Q1 하늘의 통치자들과 권세자들에게 하나님의 각종 지혜를 선포하는 사역은 누가 하는가?

Q2 그리스도의 비밀인 교회가 해야 할 일은 무엇인가?(엡 3 : 10)

교회는 만물로 이어지는 구속사의 완성을 이룰 그리스도의 몸, 손발의 역할을 한다. 하나님의 각종 지혜는 에베소서 3 : 9의 '비밀'과 같은 것으로(Lincoln) 지상에서 그리스도의 몸을 통해서 완전히 계시된(엡 2 : 6－10) 하나님의 구속 계획이며, 은혜로 죄인들을 구원하는 복음 운동의 다양성(多樣性) 있는 역사를 가리킨다. 곧, 죽음을 생명으로, 욕된 것을 영광으로, 죄인을 의인으로, 저주를 축복으로, 연약을 능력으로 바꾸는 지혜이다.

적용질문

1. 사람을 감동시키는 일도 어렵지만 천사들에게 하나님의 경륜, 그 이루시는 각종 지혜를 알리는 일은 더욱 어렵다. 어떻게 준비하고 사역해야 하는가?

2. 어떤 응답, 어떤 순종을 드릴 때 교회가 그리스도의 비밀이라고 말할 수 있는가?

3. 에베소서가 보여 주는 바람직한 교회상을 정리해 보자.

2) 지혜의 내용 : 하나님의 영원한 경륜 가운데 그리스도가 하신 일(엡 3 : 11)

Q1 하나님의 영원한 경륜은 교회를 통해 어떻게 성취되는가?

하나님의 구속 계획은 시간이 시작되기 이전에 하나님께서 설계하신 것으로 '그리스도 예수 안에서' 성취된 것이다. 하나님의 지혜는 영원 전부터 우리 주 예수 그리스도 안에서 예정된 뜻대로 예수님을 통해서 나타났다. 하나님께서는 예수님을 보내시고 예수님을 믿는 사람을 자녀로 삼으시기로 예정하셨다. 그러므로 예수 그리스도가 지혜이다.

적용질문

1. 우리의 구원은 하나님의 경륜 속에서 영원부터 이어져 내려오는 구속사에 비추어 이해해야 한다. 나의 신앙은 천국, 행복, 복만을 위한 것인가, 아니면 영원한 구속사를 위한 것인가?

2. 예수님을 믿음으로 구원을 얻는 신앙에서 멈추지 않고 내 안에 풍성하게 거하시는 그리스도께서 나를 사용하셔서 구속사를 이루어 가시는 구조여야 한다. 내 안에 채워진 그리스도의 분량이 나로부터 흘러 넘쳐서 이웃과 시대 가운데 그리고 영원까지 미칠 만큼의 풍성한 분량이 된다고 생각하는가?(제자훈련의 한계)

3. 이러한 풍성한 분량의 그리스도로 채워지려면 어떻게 훈련받고 공급받아야 하는가?

3) 믿음이 주는 담대함과 당당함(엡 3 : 12－13)

Q1 왜 바울이 옥에 갇히고 환난을 당한 일이 에베소 교인들에게 영광이 되는가?

바울 사상에 있어서 '고난'은 '영광'의 전제 조건이다(롬 8 : 17－18, 고후 4 : 17). 바울은 자신이 당하는 현재의 고난을 장차 얻게 될 지극히 큰 영광을 예비하는 것으로 알았던 것처럼(고후 4 : 17), 에베소 교인들도 자신의 현재 고난이 미래의 교회에 미칠 그리스도의 영광에 참여하는 것이라는 사실을(롬 8 : 17) 깨닫고 낙심하지 않기를 권면한다.

적용질문

1. 그리스도의 은혜의 풍성함과 세상적인 풍성함의 가치는 어떻게 다른가? 나는 어떤 가치를 더 우선시하면서 살아가고 있는가?

2. 죄책감이나 좌절감이 나를 엄습할 때에 믿음은 나에게 어떤 위로와 효력을 줄 수 있는가?

3. 바울은 복음을 전하다 받은 환란으로 인해 그리스도의 영광에 참여할 것을 확신하고 기뻐한다. 나를 위해 준비된 그리스도의 영광을 기대할 수 있는가?(롬 8 : 17 참고)

그 너비와 길이와 높이와 깊이가

어떠함을 깨달아 하나님의 모든

충만하신 것으로 너희에게

충만하게 하시기를 구하노라

엡 3 : 19

제5강

건강한 교회, 건강한 일꾼

에베소서 3 : 14~21

5

건강한 교회, 건강한 일꾼

에베소서 3 : 14~21

14이러므로 내가 하늘과 땅에 있는 각 족속에게 15이름을 주신 아버지 앞에 무릎을 꿇고 비노니
16그의 영광의 풍성함을 따라 그의 성령으로 말미암아 너희 속사람을 능력으로 강건하게 하시오
며 17믿음으로 말미암아 그리스도께서 너희 마음에 계시게 하시옵고 너희가 사랑 가운데서 뿌리
가 박히고 터가 굳어져서 18능히 모든 성도와 함께 지식에 넘치는 그리스도의 사랑을 알고 19그
너비와 길이와 높이와 깊이가 어떠함을 깨달아 하나님의 모든 충만하신 것으로 너희에게 충만하
게 하시기를 구하노라 20우리 가운데서 역사하시는 능력대로 우리가 구하거나 생각하는 모든 것
에 더 넘치도록 능히 하실 이에게 21교회 안에서와 그리스도 예수 안에서 영광이 대대로 영원무
궁하기를 원하노라 아멘(엡 3 : 14-21)

[본문읽기 질문]

1. 하나님은 하늘과 땅에 있는 각 족속에게 무엇을 주셨는가?
2. 바울은 누구 앞에 무릎을 꿇고 기도하는가?
3. 무엇으로 말미암아 우리 속사람을 강건되는가?
4. ( ) 안에 들어갈 단어를 본문에서 찾아보자.

   "( )으로 말미암아 그리스도께서 너희 마음에 계시게 하시옵고 너희가 ( ) 가운데서 뿌리가 박히고 터가 굳어져서"(엡 3 : 17).
5. ( ) 안에 들어갈 단어를 본문에서 찾아보자.

   "그 ( )와 ( )와 ( )와 ( )가 어떠함을 깨달아 하나님의 모든 충만하신 것으로 너희에게 충만하게 하시기를 구하노라"(엡 3 : 19).
6. 우리가 구하거나 생각하는 모든 것에 더 넘치도록 하시는 분은 누구인가?
7. ( ) 안에 들어갈 단어를 본문에서 찾아보자.

   "( ) 안에서와 ( ) 안에서 영광이 영원무궁하기를 원하노라 아멘"(엡 3 : 21).

1. 건강한 교회가 가져야 할 5가지 기본 요소(엡 3 : 14 – 19)

에베소서 1장에 있는 바울의 기도가 성도들의 눈이 열려서 하나님의 약속을 보게 되기를 갈망하는 기도라면, 에베소서 3장의 기도는 성도들이 성령 안에서 주시는 성전으로서 하나님의 충만한 것들을 체험하고 누리기를 갈망하는 치유적, 목양적 기도이다.

1) 기도의 대상(엡 3 : 14 – 15) : 하늘과 땅에 있는 각 족속에게 이름을 주신 아버지

Q1 하나님에 대한 호칭을 어떻게 표현하고 있는가?

___

Q2 하늘과 땅에 있는 각 족속에게 이름을 주신다는 의미는 무엇인가?

___

이름을 주신 아버지는 '만물의 구속자'로서의 아버지(엡 2 : 18)와 '만물의 창조자'로서의 아버지(엡 3 : 9)와 상관성을 갖는다. 구약에서 이름을 부여하는 것은 창조주 하나님께서 그(그것)를 존재하게 하시며 또한 그(그것)를 지배하심을 가리킨다(시 147 : 4, 전 6 : 10, 사 40 : 26). 이것은 아버지가 각 족속의 창조자이시며 주(主)이시고 모든 존재의 의미가 되심을 시사한다.

적용질문

1. 나는 하나님을 사랑의 아버지, 품어 주시는 아버지로 인식하고 친밀감을 가지고 교통하고 있는가?

2. 하나님께서는 아브람, 야곱, 시몬이 하나님을 인격적으로 만났을 때 새 이름을 주셨다. 그 이름에는 하나님의 기대하심이 있었고 이후 그 이름들은 그들 인생의 방향과 목적이 되었다. 만약 하나님께서 내게 새 이름을 주신다면 나는 어떤 의미의 이름을 받고 싶은가?

3. 나는 형식과 종교 의식에 사로잡힌 마음으로 예배에 임하는가, 아니면 참된 예배자의 마음으로 예배에 임하는가? 이 둘 사이의 차이가 무엇이라고 생각하는가?

2) 성령의 내적 역사 : 속사람의 강건함(엡 3 : 16 – 19)

Q1 우리의 신분, 우리의 수준을 그리스도와 함께, 목자와 함께의 수준으로 끌어올릴 것을 요청했던 바울은 이제 눈을 돌려 사람의 내면을 깊이 살필 것을 요청한다. 성령님이 오셔서 어떤 방식으로 우리의 내면을 도우시는가?(고후 1 : 21 – 22, 겔 36 : 26 – 27)

____

'속사람'이란 '겉 사람', 즉 육체(고후 4 : 16)에 대하여 중생한 영성을 말하는 것으로(계 3 : 20), 이는 '새사람'이라고도 바꾸어 표현할 수 있다. '속사람'이 성령으로 강건해질 때 죄와 사탄을 이길 수 있다(요일 2 : 14).

Q2 우리 안에 내주하시는 성령으로 인한 내면의 변화는 무엇인가?(엡 3 : 16, 갈 5 : 22 – 23)

____

Q3 그리스도가 우리 마음에 계시게 하기 위하여 우리는 어떻게 해야 하는가?(엡 3 : 17a)

____

구원받은 우리가 예수님을 우리 마음의 중심에 모시는 일은 가만히 있어도 자동으로 되는 일이 아니고 성령님이 우리의 의지를 발동시키셔서 그리스도를 마음의 중심에 모시도록 믿음을 북돋아 주실 때 가능하다.

Q4 식물이 땅에 뿌리를 박아 양분을 흡수하는 것처럼 우리가 그리스도를 공급받으려면 어떻게 해야 하는가?(엡 3 : 17b)

____

집이 터 위에 세워지듯 우리는 그리스도의 사랑 위에 덕을 세우고 무한한 주의 사랑을 실제 경험으로 알아가는 삶을 살아야 한다. 여기서의 사랑은 타락한 인간에게서는 나올 수 없는 사랑이다. 하나님으로부터 오는 사랑, 즉 삼위일체 하나님의 속성적 사랑이다. 이 사랑을 받은 사람들은 이전에 하나님을 향해 거리감과 두려움, 적대감을 가지고 살았지만 이제는 하나님과 친밀감을 가지고 교통하는 존재가 된다(요일 4 : 18).

Q5 바울이 에베소 교인들로 하여금 알게 하기 원하는 것은 무엇인가?(엡 3 : 18)

Q6 속사람이 강건하게 됨, 그리스도의 내주하심, 그리스도의 사랑을 앎, 이 모든 것의 결과는 무엇인가?(엡 3 : 19)

Q7 건강한 내면을 위한 5가지 요소를 정리해 보자.

내면 영역	말씀 내용 찾아보기	
내면치유	엡 3 : 16	
의지적 결단	엡 3 : 17a	
정서적 상태	엡 3 : 17b	
지성적 접근	엡 3 : 18	
궁극적 목표	엡 3 : 19	

바울은 하늘에 속한 모든 신령한 복(엡 1 : 3)으로, 그의 영광의 풍성을 따라(엡 3 : 16), 하나님의 모든 충만하신 것(엡 3 : 19)으로 우리가 채워지기를 기도한다. 교회는 그리스도와 한 가족이요, 한 몸이요, 한 영이기에 그 부요함과 그 질적 상태가 같아지기를 기도하는 것은 당연한 이치이다. 측량할 수 없는 그리스도의 풍성함을 전하는 교회가 되기 위해 바울은 우리에게 그리스도의 충만하심에까지 성장해야 한다고 말한다.

적용질문

1. 육신이 병들었을 때 병원을 찾듯, 마음의 상처가 나를 끌고 갈 때 마음을 치료하는 전문가에게 도움을 받아야 한다. 내게는 이런 도움을 받을 수 있는 멘토나 모임이 있는가?

2. 오늘날 가정과 교회에서 일어나는 많은 분쟁과 마음 상함을 막는 방법 중 하나가 성령님의 내적 치유를 경험하는 일이다. 어떤 공부를 하고 있는가?

3. 우리의 교회나 나 자신의 모습은 지혜롭고 영광스러운 모습인가, 아니면 세상적이고 정욕적이고 이기적인 영광을 탐하는 모습인가?

2. 하나님께 무궁한 영광(엡 3 : 20-21)

1) 역사하시는 능력대로(엡 3 : 20a)

Q1 앞서 나열한 건강한 내면을 위한 5가지 요소를 조화롭고 충만하게 갖추기 위한 방법은 무엇인가?

우리 가운데 역사하시는 능력은 우리를 새롭게 짓는다는 면에서 창조적 능력이라고 할 수 있다. 그것이 바로 그리스도의 구속이다. 하나님의 구속의 새 창조는 새로 지어지며, 낳고 용서만 받는 무능한 구원이 아니며, 내가 생각하고 기대하고 소원하는 것보다 '더 넘치도록 능히 하실' 이의 일이다. 그러한 하나님의 능력으로 구속된 교회는 영광이 대대로 영원무궁할 수 있다.

제5강

적용질문

1. 하나님의 능력은 지속적으로 우리 자신을 변화시키고 성장시킨다. 최근 나의 변화와 성장을 간증해 보자.

2. 성령께서 오셔서 우리 내면의 치유를 도우시는데 나는 지, 정, 의 세 영역 중 어느 부분이 가장 약하다고 생각하는가?

2) 바울의 찬양 대상(엡 3 : 20b)

Q1 바울이 찬양하는 하나님은 어떤 하나님이신가?

그리스도인의 신앙생활 가운데 범하는 오류의 대부분은 하나님께서는 사람과 다르시다는 것을 인지하지 못하는 데 있다. 모든 그리스도인과 대부분의 교회가 범하는 큰 죄는 우리 자신의 지성과 개념과 이해의 잣대로 하나님의 영원하시고 절대적인 능력을 제한하는 것이다. 이스라엘 백성은 항상 이러한 죄를 지었고 그들은 하나님을 이스라엘의 거룩하신 분으로 제한하였다. 그러나 하나님께서는 온갖 구하는 것이나 생각하는 것에 더

넘치도록 하실 수 있으시다. 옛날이나 오늘날이나 동일하게 하나님께서는 한결같이 "네 입을 넓게 열라 내가 채우리라"라고 말씀하신다(시 81 : 10). 전능하시고 한결같으시며 영원하신 하나님께 우리가 기도드릴 때 그 말씀을 기억해야 한다. 우리가 불가능하다고 느낄 때에도 하나님께서는 능히 하실 수 있으시기 때문이다.

적용질문

1. 나의 영적 생활 가운데 감사, 찬양, 간증이 차지하는 비율은 얼마나 되는가?

2. 하나님께서 나의 기대와 생각보다 넘치게 부어 주셨던 경우가 있었다면 간증해 보자.

3. 기도할 때에 어떤 기대와 갈망을 가지고 하나님께 나아가는가? 늘 나의 기도에 인색하게 응답하시는 하나님이신가, 아니면 나의 기대보다 더욱 넘치도록 부어 주시는 하나님이신가?

3) 영광의 무궁함(엡 3 : 21)

Q1 바울이 하나님의 영광이 무궁하기를 기원한 두 영역은 어디인가?

___

교회는 하나님의 갈망이다. 우리가 연합하여 교회로 세워질 때 하나님은 영광을 받으신다. 하나님의 구속 계획은 '그리스도 안에서' 성취된다. 그리스도는 하늘과 땅을 통일시켜 하나님의 경륜, 구속사를 완성시키실 구세주이시다. 그리스도와 교회는 하나님의 비밀이요 관심사이며 이 두 영역을 통해서 하나님께서는 영광을 받으시고 승리를 선언하신다.

적용질문

1. 나는 어떨 때 하나님의 능력을 제한하게 되는가? 그 이유가 무엇인가?

2. 내 안에서 내가 역사하고 있는가, 아니면 날마다 나를 쳐 복종시키며 하나님의 뜻을 이루는 삶을 살기 위해 고군분투하고 있는가?

3. 바울의 기도는 에베소 성도들과 교회를 위한 기도였다. 나의 기도의 내용은 나와 내 가족만을 위한 이기적인 기도는 아닌가?

에베소서 3장의 정리

유통의 복음

함께 상속자, 함께 지체, 함께 약속에 참여 : 그리스도의 풍성을 이방인과 나누라

1) 그리스도의 비밀을 맡은 일꾼(엡 3 : 1－4)

2) 교회의 비밀 : 이방인과 함께 상속자, 함께 지체, 함께 약속에 참여(엡 3 : 5－6)

3) 이 복음을 위한 일꾼 : 측량할 수 없는 그리스도의 풍성을 이방인에게 유통하기 위하여(엡 3 : 7－9)

4) 교회를 통한 하나님의 경륜의 성취(엡 3 : 10－13)

5) 교회로서 갖춰야 할 5가지 요소(엡 3 : 14－19)
· 성령의 내적 역사 : 속사람을 강건하게 한다.
· 의지적 결단 : 믿음으로 그리스도가 마음에 계시게 한다.
· 정서적 상태 : 사랑 가운데서 뿌리가 박히고 터가 굳어진다.
· 지성적 접근 : 지식에 넘치는 그리스도의 사랑을 안다.
· 궁극적 목표 : 하나님의 모든 충만하심으로 채워진다.

6) 하나님께 올려 드리는 무궁한 영광(엡 3 : 20－21)
교회의 비밀은 이방인들에게 내가 누리는 지극히 영광스러운 그리스도의 풍요로움을 전달함으로 함께 상속자가 되고, 함께 지체가 되고, 함께 약속에 참여하는 자가 되는 것이다. 이 구속사의 비밀인 교회를 이루기 위해서는 그 몸의 지체인 우리 한 사람 한 사람의 내면세계가 튼실해져야 한다. 이를 위해 바울은 교회가 부패성을 이기고 참된 교회로 성장하기 위해 다음과 같이 제안한다.

· 성령의 능력으로 속사람이 강건해야 한다(엡 3 : 16).
· 그리스도를 중심에 모심으로 사랑 가운데 뿌리가 박히고 터가 굳어져야 한다(엡 3 : 17).
· 하나님의 모든 충만하신 것으로 충만해지기를 구해야 한다(엡 3 : 19).

내리셨던 그가 곧

모든 하늘 위에 오르신 자니

이는 만물을 충만하게 하려 하심이라

엡 4 : 10

제6강

그리스도의 몸을 세우라

에베소서 4 : 1~16

6

그리스도의 몸을 세우라

에베소서 4 : 1~16

1그러므로 주 안에서 갇힌 내가 너희를 권하노니 너희가 부르심을 받은 일에 합당하게 행하여
2모든 겸손과 온유로 하고 오래 참음으로 사랑 가운데서 서로 용납하고 3평안의 매는 줄로 성
령이 하나 되게 하신 것을 힘써 지키라 4몸이 하나요 성령도 한 분이시니 이와 같이 너희가 부
르심의 한 소망 안에서 부르심을 받았느니라 5주도 한 분이시요 믿음도 하나요 세례도 하나요
6하나님도 한 분이시니 곧 만유의 아버지시라 만유 위에 계시고 만유를 통일하시고 만유 가운
데 계시도다 7우리 각 사람에게 그리스도의 선물의 분량대로 은혜를 주셨나니 8그러므로 이르
기를 그가 위로 올라가실 때에 사로잡혔던 자들을 사로잡으시고 사람들에게 선물을 주셨다 하
였도다 9올라가셨다 하였은즉 땅 아래 낮은 곳으로 내리셨던 것이 아니면 무엇이냐 10내리셨던
그가 곧 모든 하늘 위에 오르신 자니 이는 만물을 충만하게 하려 하심이라 11그가 어떤 사람은
사도로, 어떤 사람은 선지자로, 어떤 사람은 복음 전하는 자로, 어떤 사람은 목사와 교사로 삼
으셨으니 12이는 성도를 온전하게 하여 봉사의 일을 하게 하며 그리스도의 몸을 세우려 하심이
라 13우리가 다 하나님의 아들을 믿는 것과 아는 일에 하나가 되어 온전한 사람을 이루어 그리
스도의 장성한 분량이 충만한 데까지 이르리니 14이는 우리가 이제부터 어린아이가 되지 아니
하여 사람의 속임수와 간사한 유혹에 빠져 온갖 교훈의 풍조에 밀려 요동하지 않게 하려 함이
라 15오직 사랑 안에서 참된 것을 하여 범사에 그에게까지 자랄지라 그는 머리니 곧 그리스도
라 16그에게서 온몸이 각 마디를 통하여 도움을 받음으로 연결되고 결합되어 각 지체의 분량대
로 역사하여 그 몸을 자라게 하며 사랑 안에서 스스로 세우느니라(엡 4 : 1－16)

· 에베소서 1장

내 안에 이루신 삼위 하나님의 구원이 결국 만물을 충만하게 하시는 우주적 구원으로까지 연결되어 있음을 본다. 그리스도는 교회의 머리가 되시고 교회는 만물 위에 있다.

· 에베소서 2장

우리가 그리스도와 연합하여 우리의 신분, 법적 지위는 하늘 보좌가 되며 더불어 이방인과 연결됨으로 둘이 함께 성전으로 지어져 간다. 십자가로 둘을 한 새사람으로 만들어 교회로 세우실 구속사의 계획이 있기 때문이다.

· 에베소서 3장

내 안에 누려진 충만함이 이방인에게 전달되어 같은 수준의 풍요로움을 누리는 한 몸으로서의 교회이다. 교회는 수준과 풍성함에 있어서 한 몸이다. 결국 이러한 몸을 완성해 가시는 하나님의 경륜은 교회를 통하여 하늘의 천사들에게까지 아버지의 각종 지혜를 알린다.

이러한 경륜적인 교회가 되어 가는 나의 내면세계는 어떠해야 하는가?
내 안에 이루어져야 할 영적 상태, 내면에 어떤 요소들로 채워져야 하는지를 말씀한다.

교회는 그의 몸이니 만물 안에서 만물을 충만하게 하시는 이의 충만함이니라(엡 1 : 23)

그 너비와 길이와 높이와 깊이가 어떠함을 깨달아 하나님의 모든 충만하신 것으로 너희에게 충만하게 하시기를 구하노라(엡 3 : 19)

에베소서의 가장 큰 주제는 그리스도를 통하여 통일되고, 한 몸으로 연합되는 교회의 비밀이다. 그리스도와 교회가(엡 1장), 그리스도와 성도가(엡 2장), 나와 이방인이(엡 3장), 그리스도와 교회와 만물이(엡 4장) 한 몸, 한 영, 한 충만 안에 있다. 우리는 공급하시는 하나님의 은혜를 힘입어 성도를 온전하게 하며 그리스도의 몸을 세우는 일을 해야 한다.

에베소서 3장에는 바울이 받은 특별한 계시가 있고, 성도들에 대한 격려와 기도, 찬양이 있다. 하나님의 능력은 현재도 성도들 가운데서 역사하고 있으며 교회 안에서 하나님의 능력이 역사하고 있음을 아는 것은 매우 격려가 되는 일이다. 이제 바울은 지위적으로 이방인과 유대인 신자들이 '한 새사람', 곧 그리스도의 몸임을 설명하고 그들이 경험적으로 하나가 되기를 기도한다. 바울은 이들이 그리스도의 사랑을 진심으로 알고 경험함으로 서로에게 그 사랑을 나타내기를 원했다. 우리는 그리스도가 우리 마음에 그분의 거처를 세우시는 일에 동의하고 협력해야 한다.

[본문읽기 질문]

1. 주 안에서 갇힌 바울이 에베소 교회 성도들에게 무엇을 받은 일에 합당하게 행하라 하는가?
2. ( ) 안에 들어갈 단어를 본문에서 찾아보자.
   "모든 (　　)과 (　　)로 하고 (　　　)으로 사랑 가운데서 서로 용납하고"(엡 4 : 2).
3. 에베소서 4 : 3~6에서 하나 됨의 모습은 몇 가지인가?
4. 내리셨던 그가 하늘 위에 오르신 사역은 무엇을 위함인가?
5. 하나님께서 직분을 주신 목적은 무엇을 세우려 하심인가?
6. ( ) 안에 들어갈 단어를 본문에서 찾아보자.
   "오직 사랑 안에서 참된 것을 하여 범사에 그에게까지 자랄지라 그는 머리니 곧 (　　　　)라"
   (엡 4 : 15).
7. 온몸이 무엇을 통하여 연결되고 결합되어 그 몸을 자라게 하는가?

1. 부르심에 합당하게 행하라(엡 4 : 1-6)

한 몸, 한 성령, 한 소망, 한 주, 한 믿음, 한 세례, 한 하나님-만유를 통일하시려는 하나님의 의지

1) 바울의 권면 : 부르심에 합당하게 행하라(엡 4 : 1)

Q1 바울은 자신이 어디에 갇혀 있다고 고백하는가?(엡 4 : 1a)

바울은 주 안에 갇혀 있으며 부르심의 목적 아래 갇혀 있다. 바울의 삶을 끌고 가는 것은 하나님의 부르심과 사명, 복음과 하나님의 경륜이다. 그리스도의 몸으로서의 연합이다. 교회 그리고 구속사이다. 바울은 또한 우리에게도 동일하게 갇힐 것을 요청한다.

Q2 에베소 교인들을 향한 바울의 권면의 내용은 무엇인가?(엡 4 : 1b)

우리가 하나님을 부른 것이 아니라 하나님께서 우리를 부르셨기에 그 부르심으로부터 우리의 삶이 출발해야 한다. 그러므로 하나님의 부르심에 어울리는 삶을 살아야 한다. 이 부르심은 하늘에 속한 부르심으로, 죄 사함을 통해 생명을 얻고 새롭게 변화되는 과정을 거쳐 그리스도의 배필로서의 몸으로 건축되기 위한 부르심이다.

적용질문

1. 내 마음과 생각을 제한시키고 불편하게 하는 것은 무엇인가? 그리스도를 위해서 스스로를 제한하는 것이 있는가? 스스로를 가두는 감옥이 있다면 어떤 것을 들 수 있는가?

2. 하나님께서는 처음부터 끝까지 한 방향, 한 목적으로 역사를 이끄셨고, 또 사람들을 부르고 계신다. 내 인생의 가치와 행복, 의미는 무엇인가?

3. 출애굽의 과정을 보면 같은 부르심을 받았어도 그 명을 받들어 끝까지 신실하게 따르는 사람은 극소수였다. 오늘 우리 시대에 구속사를 위해 그런 헌신자를 찾으신다면 나는 어떻게 응답하겠는가?

2) 부르심에 합당한 생활(엡 4 : 2)

Q1 부르심에 합당한 공동체가 하나 되기 위해 지켜야 할 것은 무엇인가?

____

Q2 하나님 앞에서 자신이 피조물임을 인정하는 태도를 무엇이라고 하는가?(빌 2 : 3, 5)

____

Q3 자신의 마음과 생각을 자제하고 타인의 허물을 용납하며 이해하는 마음을 무엇이라고 하는가?(민 12 : 3)

____

Q4 죄인을 대하시는 하나님의 성품은 어떠한가?(롬 2 : 4, 9 : 22, 벧전 3 : 20, 벧후 3 : 15)

____

Q5 오래 참음의 실제적 표현으로 상대방을 자기에게 맞춰 바꾸려는 의도 없이, 있는 그대로를 받아들이는 것을 무엇이라고 하는가?

____

제6강

적용질문

1. 나는 하나님께 주권을 올려 드리고 피조물의 한계를 인정하면서 이웃들을 겸손과 사랑, 오래 참음으로 섬길 준비가 되어 있는가?

2. 나의 성품은 하나님께서 쓰실 수 있도록 길들여져 있는가? 주께서 말씀하실 때 온유한 마음으로 복종할 준비가 되어 있는가?

3. 교회를 이루어 가는 지체들에게 이러한 성품이 필요한 것은, 이러한 성품들이어야 부르심의 소망 밖에 있는 자들까지도 품고 한 몸으로 세워 갈 수 있기 때문이다. 그리스도의 몸을 세워 가는 자, 킹덤 빌더로서 나는 어떤 자격, 준비를 갖추어 가고 있는가?

3) 한 몸, 한 성령, 한 소망 안에서 부르심(엡 4 : 3 – 6)

Q1 우리 모두는 서로 자라 온 환경이 다르고 처한 문화가 다른데도 하나 되어야만 하는 이유가 무엇인가?

____

Q2 삼위 하나님의 생명의 특성은 무엇인가?(요 17 : 22, 고전 12 : 12 – 13)

____

교회는 계속적으로 교회의 몸에 이방인들을 접붙임으로써 머리이신 그리스도의 생명을 같이 누리게 해야 하며, 만유까지 이 생명의 물줄기가 흘러가도록 해야 한다(사 11 : 6–9). 이것이 교회의 사명이요 교회를 하나 되게 하신 이유이다. 성도들이 세상 사람들 앞에서 눈에 보이도록 하나가 되려 노력해야 하는 이유는, 그것이 하나님의 계획이기 때문이다. 하나님께서는 한 몸, 한 성령, 한 주님, 한 믿음, 한 소망, 한 세례를 주셨다. 그는 한 분 하나님이시다. 이런 하나 됨이 몸 된 교회의 교리적 기초이다.

Q3 성도를 연합시키는 12가지 요소에 대한 표의 빈칸을 채우시오.

항목	내용
	유일신 하나님 아버지(엡 4 : 6, 신 6 : 4)
	독생자 예수 그리스도(엡 4 : 5, 고전 12 : 5)
	교제, 역사하는 성령(엡 4 : 4, 고전 12 : 4)
	주 예수와 연합된 몸(엡 4 : 4, 고전 12 : 12 – 13)
	그리스도와 합한 세례(엡 4 : 5, 롬 6 : 3 – 4)
한 마음	주를 사랑하는 마음(마 22 : 37)
	주의 복음에 대한 믿음(엡 4 : 5, 갈 1 : 23)
한 사랑	사랑을 통한 용서와 이해(엡 4 : 2)
	영생에 대한 소망(엡 4 : 4)

한 도(길)	천국 구원에 이르는 길(빌 3 : 14)
한 교리	정통 교리에 의한 교리(딤전 6 : 3)
한 생각	생명과 평안을 위한 생각(롬 8 : 6)

적용질문

1. 나는 문제를 일으키는 자(Trouble maker)인가, 아니면 화해자(Peace maker)인가? 나는 하나님의 부르심에 얼마나 합당한 삶을 살고 있는가? 하나 됨의 리더(제사장)가 되기 위해 어떤 공부, 훈련을 하고 있는가?

2. 처리되지 않은 우리 내면의 감정은 관계들을 쉽게 버성겨지게 만든다. 분노가 잘 조절되지 않는가? 그 이유가 무엇이라고 생각하는가?

3. 가정이, 교회가 하나 되어야 하는 이유가 확실함에도 불구하고 계속 나뉘는 이유가 무엇이라고 생각하는가?

2. 만물을 구원하시려는 하나님의 계획(엡 4 : 7 – 10)

1) 선물의 분량대로 은혜를 주신다(엡 4 : 7)

Q1 은사와 은혜의 관계는 어떠한가?

은혜는 그리스도를 누리는 수준이요, 은사는 직분, 사역을 위한 것인데 동일한 분량으로 주셨다고 말한다. 그렇기 때문에 은혜와 사명은 항상 조화를 이루며 같이 간다. 몸은 하나이지만 우리에게 베푸시는 은혜는 그리스도의 선물의 분량대로 각자에게 주어진다. 즉, 몸은 하나이지만 다양성이 있다는 말은, 그리스도의 은사의 분량에 따라 얻은 은혜가 각각 다르기 때문이다. 각자에게 주시는 은혜와 은사는 성도를 온전하게 하기 위해 그리스도로부터 온 것이다.

적용질문

1. 몸인 교회를 섬기기 위한 나의 은사는 무엇인가? 은사와 사역을 지원하는 은혜의 공급은 어떠한가?

2. 나의 은사는 무엇이며, 그 은사와 사역을 지원하는 은혜의 공급은 어디에서 오는가?

3. "마땅히 생각할 그 이상의 생각을 품지 말고 오직 하나님께서 각 사람에게 나누어 주신 믿음의 분량대로 지혜롭게 생각하라"라는 말씀은 교회 안에서 사역을 하다가 오는 갈등이나 위기를 극복할 수 있는 원칙과 기준이 된다. 실제 개인의 사역에 어떻게 적용할 수 있는가?

2) 사로잡힌 자, 포로 된 자들을 교회를 세우는 자로 세우심 : 영혼들을 얻게 하신다 (엡 4 : 8-9)

Q1 '사로잡혔던 자들'이 누구인가?(엡 4 : 8)

'사로잡혔던 자들'은 구원받기 이전에 사탄에게 사로잡혀 있던 사람들을 말한다. 주님이 십자가에서 우리의 죄 값을 모두 지불하신 후 부활, 승천하심으로 우리에 대한 모든 법적 권리를 획득하시고 하늘과 땅의 모든 통치의 권리를 얻으셨다. 이 일로 우리 인생을 노예화시키고 주인 노릇을 했던 사탄과, 그의 무기인 사망과 죄를 이기시고 우리를 빼앗아 내셨고 우리를 이 땅의 모든 사람들과 땅의 권리를 되찾는 일에 사용하신다. 이때로부터 이 땅에 그리스도의 몸인 교회가 출발한다.

Q2 사로잡으신 이들에게 베푸신 은혜는 무엇인가?(엡 4 : 8-9)

포로였던 자가 이제는 은사를 가진 사람이 된다. 시편의 말씀의 인용(시 68 : 18)은 그리스도가 교회에 주신 그분의 선물이 그 시편 말씀의 성취임을 말해 주고 있다.

적용질문

1. 우리 주님의 십자가가 우리에게 주는 혜택은 무엇인가?(벧전 2 : 24)

2. 우리 주님의 부활이 우리에게 주는 혜택은 무엇인가?(벧전 1 : 3)

3. 우리 주님의 승천이 우리에게 주는 혜택은 무엇인가?(히 2 : 9－12)

3) 만물의 충만을 위하여 왔다 가심(엡 4 : 10) : 성육신, 십자가, 부활, 승천

Q1 주께서 성육신, 십자가, 부활, 승천하신 이유가 무엇인가?

Q2 만물을 충만하게 하신다는 의미는 무엇인가?(엡 1 : 10, 골 2 : 9－10)

그리스도께서 만물을 충만하게 하신다는 말은 우주의 전 영역에 당신의 편재를 실현하신다는 뜻이 아니라, 만물을 당신의 주권 아래 두신다는 의미이다. 즉, 그리스도께서 온 우주를 통치하시는 통치자가 되셔서 모든 존재들의 생명을 주관하시며 영향력을 행사하신다. 더욱이 구속받은 무리들을 당신의 목적하신 바에 맞게 각자의 삶으로 인도하시며 결국에 가서는 그 모든 무리들이 당신 안에서 하나가 되게 만드신다.

적용질문

1. 하나님께서 그리스도의 선물의 분량대로 은혜를 주신다. 다른 지체와 비교하며 나와 다름을 불평하거나 지체를 시기, 질투, 하대하는 일은 없었는가? 나는 나의 은사, 사역, 공급하시는 은혜에 만족하고 있는가? 혹 더 원하는 것이 있다면 무엇인가?

2. 요즈음 나를 지배하는 생각이나 비전은 무엇인가? 10년 후에 있을 나의 구속사적 사역을 위해 지금 나는 무엇을 준비하고 있는가? 어떻게 쓰임받기를 원하는가?

3. 하나님의 영원한 경륜, 구속사, 시대, 만물을 충만하게 하시는 일, 그리스도의 몸인 교회와 같은 개념들을 들을 때 나와 어떤 관련이 있다고 생각하는가?

3. 사명(직분)의 목적(엡 4 : 11 – 16)

1) 사람 : 성도를 세운다(엡 4 : 11, 고전 12 : 4 – 7)

Q1 우리에게 주시는 은사(직임)의 종류는 어떠한 것이 있는가?

사도, 선지자, 복음 전하는 자, 목사, 교사 등의 직분은 다 성도들을 온전하게 하고 봉사의 일을 하게 하며 그리스도의 몸을 세우기 위함이다. 여기서 훈련의 방향, 순서에 주목해야 한다. '사람(성도) → 일(봉사) → 교회(그리스도의 몸)'이다. 사람이 신앙의 인격이 성숙한 후에 일을 맡아야 그 일이 그리스도의 몸을 세워 온전히 한 공동체를 이루는 것이다.

적용질문

1. 그리스도의 몸을 세우는 데 가장 우선되어야 할 기초 사역은 무엇인가?

2. 은사나 사역, 성령의 나타내심을 주심은 몸을 유익하게 하기 위함이다. 나는 몸의 유익을 위해서 어떤 사역을 감당하고 있는가? 나는 맡은바 직분을 가지고 몸을 위하여 제 역할을 감당하고 있는가?

3. 몸인 교회는 머리 되신 그리스도를 섬기고 예배하는 일이 중요하다. 머리의 지시를 따라가기 위하여 내게 주신 영적 위계질서는 어떠한가? 누구와 함께 하나님 나라를 도모하고 있는가?

2) 사역 : 봉사의 일을 하게 한다(엡 4 : 12)

Q1 교회가 일꾼을 세우는 목적은 무엇인가?

Q2 "성도를 온전하게 하여"라 함은 어떤 의미인가?

교회의 직분자는 성도가 하나님의 부르심에 합당하게 행할 수 있도록 온전해야 한다. '온전하게 하다'는 말은 '강력하게 만듦'(strengthening), '충분히 준비를 갖춘다'(Equipping)는 의미이다. 자기 위치에서 맡은 일을 잘할 수 있도록 그 인격과 자질을 철저하게 갈고 닦는 '신앙, 인격 훈련'이라 할 수 있다.

Q3 "봉사의 일을 하게 하며"의 봉사의 일은 어떤 일을 의미하는가?(엡 4 : 12, 벧전 4 : 10)

____

성도를 온전하게 훈련하고 무장시키는 이유는 봉사의 일을 하도록 하기 위함이다. 하나님께서는 사람을 통해 구속사를 이루신다. 하나님께서 직접 하시지 않고 사람을 들어서 하나님의 사랑과 예수 그리스도의 은혜와 성령의 교통하심이 흘러가게 하신다. 성도는 이러한 일을 위해 부름받았다. 그렇기 때문에 성숙하게 되면 반드시 사람과 교회를 섬기는 봉사자로 세워져야 한다.

Q4 "그리스도의 몸을 세우려 하심이라"의 의미는 무엇인가?

____

성도들의 봉사를 통해 그리스도의 몸, 교회가 세워진다. 이렇게 세워진 건강한 교회는 만물에게까지 영향력을 전달함으로써 하늘과 땅이 통일되는 일을 위해 쓰임받는다.

적용질문

1. 가정도, 교회도 그리스도의 몸을 이루는 일이 우선적인 목표가 되어야 한다. 부부간에도 감정과 이해(利害)관계로 사는 부부가 있고, 그리스도의 몸을 만들기 위하여 구속사적으로 서로 애쓰는 부부가 있다. 일대일 성경공부나 소그룹 모임도 지식 전달이나 친교 모임이 아니라 몸을 이루기 위한 수고와 의도를 가져야 한다. 나는 누구와 몸을 이루기 위해 애쓰고 있는가?

2. 나는 누구를 세워 주고 있는가? 그의 성숙도는 얼마나 되는가? 그는 교회에서 어떤 봉사의 일을 감당하고 있는가? 그의 성숙을 위한 다음 단계의 목표는 무엇인가? 어떻게 돕고 있는가?

3. 에베소서적인 관점에서 볼 때 나와 나의 셀(구역, 속)과 나의 교회는 바른 방향, 올바른

목적으로 가고 있다고 말할 수 있는가? 몸을 이루기 위하여 더 필요한 것이 있다면 무엇인가? 나의 신앙은 구속사 지향적인가, 기복적인가?

3) 사랑 : 그리스도의 몸을 세우기 위함이다(엡 4 : 13－16)

Q1 그리스도는 머리이시고 교회는 그의 몸이다. 몸은 어디까지 자라 가야 하는가?(엡 4 : 13b)

Q2 우리가 온전한 사람을 이루기 위하여 어떻게 해야 하는가?(엡 4 : 13a)

Q3 우리가 어린아이의 미숙한 상태에서 벗어나야 하는 이유는 무엇인가?(엡 4 : 14)

Q4 믿는 사람들이 도달해야 할 성장의 목표는 누구인가?(엡 4 : 15)

Q5 머리의 부요함이 온몸에 전달되는 방법은 무엇인가?(엡 4 : 16, 골 2 : 19)

그리스도는 믿는 모든 사람들의 성장의 원천이고 목적이며 목표이다. 바울은 모든 성도가 하나님의 아들을 믿는 것과 아는 일에 하나가 되어 온전한 사람을 이루고 그리스도의 장성한 분량이 충만한 데까지 이를 것을 요청한다. 이는 하나님의 부르심을 받아 구원받았을지라도 아직 어린아이와 같은 신앙에 있기에 계속해서 성장하여야 함을 말한다. '온전한 사람'이 되는 일이 중요하다. 구원받은 우리가 이 땅에서 그리스도의 장성한 생명으로 살아가는 일이 우리를 부르신 목적이다. 우리는 이 땅에서 그리스도의 얼굴로, 그의 대행자로 살아야 한다. 그의 몸을 세우며 아담이 저질렀던 실수를 그 아들이신 예수님과 연합하여 복구시켜야 한다. 이를 위하여 교회가 중요하다. 교회 안의 마디와 힘줄들이 머리 되신 그리스도께 연결되어 그 부요함을 유통해야 한다. 교회가 이 시대의 희망이다. 교회가 역사를 책임지고 만물을 주께로 돌아오게 해야 한다. 교회를 통하여 주님은

구속사의 완성을 기대하신다.

몸 안에서 마디와 힘줄 역할을 하는 사역자들이 중요한데, 몸과 머리의 연합, 장성한 수준에 이르도록 돕고 공급하는 일은 사역자들의 책임이다. 은사를 받은 사역자들은 자신의 사변적이거나 기이한 가르침이 아닌 그리스도에 중심을 둔 말씀을 선포하고 가르침으로 교회가 열망해야 할 성숙의 기준인 예수 그리스도의 장성한 분량에 이르게 해야 된다. 그리스도의 충만이란 그리스도의 신적이고 인간적인 완전하심에 대한 최대한의 표현이다.

적용질문

1. 그리스도의 장성한 분량이 충만한 데까지 자라 가라고 하셨다. 나는 얼마나 자랐다고 생각하는가?

2. 그러한 지속적인 성장을 위하여 내가 계획하고 실천하고 있는 것은 무엇인가?

3. 머리의 부요함은 마디와 힘줄의 역할과 밀접한 연관을 맺고 있다. 교회 안에서와 구속사 안에서 나의 역할은 무엇이라고 생각하는가?

오직 너희의 심령이 새롭게 되어

하나님을 따라 의와 진리의 거룩함으로

지으심을 받은 새사람을 입으라

엡 4 : 23-24

제7강

새사람을 입으라

에베소서 4 : 17~32

7

새사람을 입으라

에베소서 4 : 17~32

의와 진리의 거룩함으로 지으심을 받은 새사람

17그러므로 내가 이것을 말하며 주 안에서 증언하노니 이제부터 너희는 이방인이 그 마음
의 허망한 것으로 행함 같이 행하지 말라 18그들의 총명이 어두워지고 그들 가운데 있는 무
지함과 그들의 마음이 굳어짐으로 말미암아 하나님의 생명에서 떠나 있도다 19그들이 감각
없는 자가 되어 자신을 방탕에 방임하여 모든 더러운 것을 욕심으로 행하되 20오직 너희는
그리스도를 그같이 배우지 아니하였느니라 21진리가 예수 안에 있는 것 같이 너희가 참으
로 그에게서 듣고 또한 그 안에서 가르침을 받았을진대 22너희는 유혹의 욕심을 따라 썩어
져 가는 구습을 따르는 옛 사람을 벗어 버리고 23오직 너희의 심령이 새롭게 되어 24하나님
을 따라 의와 진리의 거룩함으로 지으심을 받은 새 사람을 입으라 25그런즉 거짓을 버리고
각각 그 이웃과 더불어 참된 것을 말하라 이는 우리가 서로 지체가 됨이라 26분을 내어도
죄를 짓지 말며 해가 지도록 분을 품지 말고 27마귀에게 틈을 주지 말라 28도둑질하는 자는
다시 도둑질하지 말고 돌이켜 가난한 자에게 구제할 수 있도록 자기 손으로 수고하여 선한
일을 하라 29무릇 더러운 말은 너희 입 밖에도 내지 말고 오직 덕을 세우는 데 소용되는 대
로 선한 말을 하여 듣는 자들에게 은혜를 끼치게 하라 30하나님의 성령을 근심하게 하지 말
라 그 안에서 너희가 구원의 날까지 인 치심을 받았느니라 31너희는 모든 악독과 노함과 분
냄과 떠드는 것과 비방하는 것을 모든 악의와 함께 버리고 32서로 친절하게 하며 불쌍히 여
기며 서로 용서하기를 하나님이 그리스도 안에서 너희를 용서하심과 같이 하라(엡 4 : 17-32)

바울은 교회의 지체들이 그리스도의 몸을 세우는 방식에 대해 실례들을 제시하고 그리스도인이 자신이 탐구한 진리를 어떻게 실천해야 하는지를 구체적으로 보여 준다.

[본문읽기 질문]

1. 이방인들이 무지함과 마음의 굳어짐으로 무엇에서 떠나 있는가?
2. ( ) 안에 들어갈 단어를 본문에서 찾아보자.
   "그들이 (   ) 없는 자가 되어 자신을 방탕에 방임하여 모든 더러운 것을 욕심으로 행하되"(엡 4 : 19).
3. 옛 사람은 무엇을 따라 사는 사람인가?
4. 새사람은 하나님을 따라 무엇으로 지으심을 받는가?
5. 해가 지도록 품지 말라고 하는 것은 무엇인가?
6. ( ) 안에 들어갈 단어를 본문에서 찾아보자.
   "마귀에게 (   )을 주지 말라"(엡 4 : 27).
7. ( ) 안에 들어갈 단어를 본문에서 찾아보자.
   "하나님의 (   )을 근심하게 하지 말라 그 안에서 너희가 구원의 날까지 인 치심을 받았느니라"(엡 4 : 30).
8. 하나님이 그리스도 안에서 우리를 용서하심과 같이, 우리에게도 이웃을 대하여 어떻게 행하라 하시는가?

1. 하나님의 생명에서 떠난 사람의 특징(엡 4 : 17 – 19)

1) 바울의 권면(엡 4 : 17)

Q1 부르심에 합당한 생활을 하는 사람은 어떤 일에 주의해야 하는가?

Q2 허망한 일이란 무엇인가?

'허망하다'는 말은 '방향과 목표가 없다'는 말이다. 현대 문화는 잘살기 위한 수단과 방법은 개발하지만 왜 그렇게 살아야 하는지를 가르쳐 주지 못하고 있다. 바울은 성도들에게 이방인의 허망한 것으로 행하지 말라고 명하였다. 우리는 이방인들처럼 헛된 일과 우상을 섬기는 일과 그들의 영혼에 아무런 도움이 되지 못하고 그들의 기대를 기만하는 세상적인 것들에 관한 생각으로 살아서는 안 된다. 이방인들은 마음에 하나님께서 계시지 않으므로 무지함과 완악함으로 행하며, 하나님의 생명에서 떠나 있으므로 사망의 길로 행한다.

적용질문

1. 이방인들은 왜 허망한 것에 마음을 두고 행하는가? 그리스도인들이 그런 이방인과 차별화되려면 어떻게 해야 하는가?

2. 회심하고 하나님의 자녀가 되기를 결단하고 신앙생활을 하면서도 이방인처럼 허망한 가치를 따라 살아가게 되는 이유가 무엇인가? 때로 나의 마음을 흔드는 허망한 것들에는 어떤 것들이 있는가?

2) 옛 사람(이방인)의 상태(엡 4 : 18)

Q1 이방인들의 영적 상태는 어떠한가?

이방인들은 신령한 삶과는 무관한 사람들로서 어둠 속에서 목적 없이 방황하고 있다. '허망하다', '무익하다'는 단어 그대로 '목적의 부재' 또는 '어떤 참된 목적에도 달성하지 못함'을 의미한다. 목적의 부재는 인생을 허망함으로 이끌고 죄인의 비극은 마음이 굳어짐이다. 이는 모든 민감성을 상실하는 것으로 예수님을 자기 삶의 주인으로 받아들이기를 거절한 사람의 마지막 상태이다. '굳어짐'은 의학에서는 관절 속에 생겨 관절의 원활한 동작을 마비시키는 통풍(通風)석을 의미한다. 이 단어는 너무 굳어져서 아무것도 느끼지 못하고 반응할 수 없는 상태를 가리킨다.

Q2 하나님의 생명에서 떠나 있다는 것은 어떤 상태를 의미하는가?(엡 4 : 18, 2 : 1, 5, 12, 벧전 1 : 3, 벧후 2 : 12)

'하나님의 생명'은 모든 피조물에게 생명을 부여하는 근원이다(Bruce, Lincoln). '하나님의 생명에서의 떠남'은 곧 하나님으로부터의 소외를 의미하는 것으로 '죽은'(엡 2 : 1, 5), '하나님께서 없는'(엡 2 : 12) 상태를 가리킨다. 이처럼 하나님으로부터 소외된 이유는 죄에 대한 무지와 양심의 가책을 느끼지 못하는 마음의 굳어짐이다.

제 7 강

적용질문

1. 생각이 허망해지고 감각 기능이 둔해지면 어떤 결과가 나타나는가?

2. 나에게 있어서 혹시 아직 해결되지 않은 이런 이방인적인 성품은 없는가?

3. 내게는 어떤 신령한 삶이 있는가?

3) 무지와 마음이 굳어짐의 결과(엡 4 : 19)

Q1 무지와 마음이 굳어짐으로 인해 초래된 결과가 무엇인가?

Q2 '감각이 없는 자'는 어떤 자인가?

마음이 굳어짐으로 말미암아 하나님과 하나님의 도에 대해 무감각해졌다. 삶에 기준이 없어서 무질서, 상대화의 어둠 속에 빠진 채 저마다 자기가 원하는 더러운 욕심을 행하며 살아간다. 예수님, 성령님, 하나님께서 계시지 않는 사람들의 삶이다.

Q3 감각 없는 자의 삶의 결과는 무엇인가?(엡 4 : 19, 22)

적용질문

1. 허망한 것에 마음을 두고, 마음이 강퍅해질 때 따라오는 결과는 무엇인가?
2. 나는 영적 세계를 어떻게 느끼는가? 예배 때, 말씀을 들을 때, 기도할 때, 찬양할 때 하나님의 임재와 그 음성을 어떻게 느끼는가?
3. 마음의 굳어짐은 한 번에 오지 않는다. 조금씩, 차츰 내가 알지 못하는 사이에 마음은 굳어지며 죄에 대해, 나의 습관에 대해 무디어진다. '이쯤이야' 하고 쉽게 생각하는 기준과 행동은 없는가? 지금 바꾸기를 원하는 생각, 감정, 행동, 습관에는 무엇이 있는가?

2. 새사람을 입으라(엡 4 : 20－24)

1) 스승 되신 그리스도(엡 4 : 20－21)

Q1 새사람을 입은 사람은 누구를 따르고 배우는가?

옛 사람을 버리고 새사람이 되는 성화는 하나님을 따라 하나님의 인격을 닮아 가는 것으로 하나님의 인격의 초점은 의와 진리의 거룩함이다. 따라서 하나님의 인격을 닮아 새사람이 된다는 것은 의로운 사람이 되고 거룩한 사람이 되는 것을 말한다. 의롭고, 참되고, 거룩한 사람이 되어 가는 것, 하나님의 인격을 내 속에서 이루어 가는 삶을 계속 추구해 나가야 한다.

적용질문

1. 우리 교회의 설교자는 누구인가? 나는 설교 말씀을 들을 때 목사님의 말로 듣는가, 그리스도의 음성으로 듣는가?(엡 4 : 20 - 21)

2. 삶에 중요한 일을 결정해야 할 때 나는 누구에게 자문을 구하는가? 실제적인 삶의 가르침을 받는 스승(멘토)은 누구인가? 나는 그를 그리스도께로 인도하는 스승이라고 말할 수 있는가?

3. 나에게 나타난 성화의 증거들은 무엇인가? 남들이 나의 변화를 알아보고 증거해 주는 사례가 있었는가?

2) 옛 사람을 벗고(엡 4 : 22)

Q1 우리에게 있는 옛 사람의 특성은 무엇인가?(롬 6 : 3 - 11, 골 3 : 9)

___

'옛 사람'은 죄로 인해 하나님의 형상을 잃어버린 채, 그리스도를 알지 못하는 자이다(Calvin). 중생하기 이전의 행실, 성격, 태도를 총칭하는 말로써 옛 생활을 되풀이하려는 육적인 본성이기도 하며(Moffatt, Bruce), 악이나 그 세력의 지배하에서 살아가는 삶을 의미하기도 한다. 한편 '벗어 버리고'는 에베소서 4 : 24의 '입으라'와 대조적 개념으로 죄로 물든 옛 생활방식에서 떠나는 것을 의미한다.

Q2 바울의 권면에 따라 다음 대조표를 완성하라.

옛 사람	새사람
아담	
옛 창조	
	입고
어두움	
죽음	
	배움

제7강

적용질문

1. 나의 옛 사람은 어떤 모습이고, 새사람은 어떤 모습인가? 무엇이 바뀌었는가?

2. 그리스도 안에서 매일 새 창조가 진행되고 있는가? 요즈음 주님이 치료하시고 만지시는 부분은 무엇인가?

3. 생명을 좇는 삶은 하루아침에 이루어지지 않는다. 나의 변화와 성장을 위하여 내가 힘쓰고 애써 노력하는 부분은 무엇인가?

3) 새사람을 입으라(엡 4 : 23 – 24)

Q1 옛 사람을 벗고, 새사람을 입으라고 말하는데 벗고, 입는다는 개념을 어떤 방법으로 접근할 수 있는가?

Q2 옛 사람에서 새사람으로의 상태 변화 중 가장 중요한 변화는 무엇인가?(고후 5 : 17)

구원은 생각의 변화이고 옛 사람의 상태에서 새사람의 상태로 옮겨지는 것이다. 우리가 구원받을 때 우리의 생각이 새롭게 되었다. 계속성을 내포하고 있는 '새롭게 되어'는 우리의 구원은 우리의 생각의 변화에서 시작되지만, 그 생각의 변화는 한 번으로 끝나지 않고 계속적으로 진행됨을 이야기한다. '입으라'는 '회개하고 돌이켜서 새사람이 된다'는 뜻이다. 우리는 그리스도의 구속(救贖)으로 말미암아 그리스도의 의의 옷을 입고 하나님의 은혜로 의롭다 하심과 법적으로 완전한 의와 거룩을 얻었다.
예수님은 우리의 의(義)가 되신다. 옛 사람을 벗어 버리고 새사람을 입은 자들이 실제로 새사람답게 사는 것이 성화(聖化)이다. 그러나 성화도 하나님의 은혜로 가능하다.

적용질문

1. "그리스도 안에 있으면 변화된다."라고 말씀한다. 그리스도 안에 있다는 말씀을 설명해 보자.

2. “심령이 새롭게 되어” 마음을 바꾸기 위해서 우리가 할 수 있는 훈련이나 프로그램들은 어떤 것들이 있는가?

3. 그리스도인의 삶을 살기로 결단한 우리는 이 세상 가운데 살아가면서 많은 도전과 유혹을 받는다. 죄, 유혹, 시험 앞에 섰을 때 지혜롭게 거절했었던 사례가 있었다면 나누어 보자.

3. 새사람의 특징(엡 4 : 25 – 32)

1) 거짓을 버리라(엡 4 : 25)

Q1 성경은 이웃과 더불어 거짓말을 하지 말아야 할 이유를 무엇이라고 말하는가?

몸의 질서는 소통이다. 거짓은 서로의 마음을 상하게 하여 교통을 막아 버린다. 옛 사람의 특징 중 하나는 ‘거짓’이다(골 3 : 9). 반면 ‘새사람’의 특징은 ‘참말을 하는 것’이다. 진실을 통한 상호 간의 신뢰감 대신에 거짓으로 인해 생겨난 불신은 유기체를 분열시키고 파괴시키기 때문이다(Lincoln).

제 7 강

적용질문

1. 그리스도인의 최고의 가치는 몸의 질서이다. 머리 되신 우리 주님의 뜻이 교회를 통하여 이 땅에 완성되는 일이 하나님의 경륜이다. 내게 있어서 교회의 의미는 무엇인가? 내가 생각하는 건강한 교회상은 무엇인가?

2. 나의 부족함이나 연약함으로 인하여 교회 안에 교통이 방해받은 경우는 없었는가? 지금 나의 도움을 필요로 하는 몸의 요구에는 어떤 것이 있는가?

3. 그리스도인은 믿은 후에 내가 좋아하는 것, 취미 생활, 사귀는 친구, 투자하는 일, 말버릇에 이르기까지 모든 일에서 옛 습관을 버려야 한다. 심령으로, 즉 마음속으로부터 바꾸어야 한다. 사람들이 나를 보고 딴 사람(새사람)이 되었다고 평가하는 소리를 들어 본 적이 있는가? 무엇이 바뀌었는가?

2) 새사람의 실천 법칙 1(엡 4 : 26 – 32)

Q1 하나님의 성령을 근심하게 하는 죄들에는 어떤 것들이 있는가?(엡 4 : 30 – 31)

Q2 새사람으로서 내 자신이 갖추어야 할 덕목은 무엇인가?(엡 4 : 25, 28 – 29)

Q3 새사람으로서 이웃에 대해 갖추어야 할 덕목은 무엇인가?(엡 4 : 26, 32, 약 1 : 19 – 20)

적용질문

1. 이웃과의 사이에서 실천해야 하는 새사람의 특징들을 열거하고 있다. 나의 변화를 위한 덕목들을 열거해 보자.

2. 악하게 대하는 사람들조차도 그리스도의 사랑으로 품을 수 있는 용서의 마음이 나에게 있는가? 그 힘은 어디에서 오는가?

3) 새사람의 실천 법칙 2(엡 4 : 26 – 32)

Q1 영적 전쟁에 임하는 자의 마음의 자세는 어떠해야 하는가?

Q2 새사람으로서 마귀에 대한 태도는 어떠해야 하는가?(엡 4 : 27, 31, 잠 16 : 32)

Q3 새사람으로서 하나님에 대한 자세는 어떠해야 하는가?(엡 4 : 30 – 31)

적용질문

1. 도둑질하지 말고 수고하여 선한 일에 힘쓰라는 말씀은 그리스도인의 직업관을 보여 준다. 나의 직업관, 사명관은 어떠한가?

2. 성령이 근심하는 이유는 무엇인가? 성령이 근심하지 않도록 우리가 해야 할 일은 무엇인가?

에베소서 4장의 정리

내리셨던 그가 곧 모든 하늘 위에 오르신 자니 이는 만물을 충만하게 하려 하심이라(엡 4 : 10)

1) 부르심에 합당하게 행하라(엡 4 : 1 – 6)

한 몸, 한 성령, 한 소망, 한 주, 한 믿음, 한 세례, 한 하나님 : 만유를 통일하기 위함이다.

2) 그리스도를 통하여 만물을 구원하시려는 하나님의 계획(엡 4 : 7 – 10)

선물의 분량만큼 은혜 주셔서 영혼들을 얻게 하신다.

예수 그리스도는 만물의 충만을 위하여 왔다 가셨다.

3) 사명(직분)의 목적(엡 4 : 11－16)
사도, 선지자, 복음 전하는 자, 목사, 교사를 통해 '성언운반일념'을 가진 성도를 세우시고 봉사의 일을 하게 하신다. 그리스도의 몸을 세우려 하심이다.

4) 이런 사명이 있는 자(엡 4 : 17－32)
이방인처럼 살지 말고 옛 사람을 벗고 새사람을 입으라. 곧, 영광스러운 교회로서 현장에서 살아가는 삶을 말한다.

하늘과 땅을 통일되게 하시려는 하나님의 경륜을 위해 예수님이 이 땅에 오셔서 죽으시고 부활, 승천하셨다. 그리스도의 은혜와 성령의 하나 되게 하심으로 세워진 교회는 이제 이 경륜을 위해 이방인들을 넘어 만물에게까지 구속의 물줄기를 흘려보내야 한다. 이 사명을 감당하기 위해 하나님께서는 교회 안에 직분자들을 세우셨다. 온몸을 이어 주는 각 마디가 되는 직분자들은 머리 되신 그리스도의 풍성함을 지체들에게 흘려보내어 그들을 온전하게 하며, 봉사의 일을 하게 하고, 그리스도의 몸으로 세워 가야 한다. 이러한 일들을 감당하기 위해서는 복음의 유통을 막는 모든 더러운 것들을 버리고 새사람으로서의 삶을 살아가야 한다. 겸손, 온유, 오래 참음, 사랑은 우리를 한 몸, 한 영, 한 소망, 한 주, 한 믿음, 한 세례, 한 하나님으로 묶는 중요한 덕목들이다.

너희가 전에는 어둠이더니

이제는 주 안에서 빛이라

빛의 자녀들처럼 행하라

엡 5 : 8

제8강

구속사를 위해 빛의 자녀가 되라

에베소서 5 : 1~21

8

구속사를 위해 빛의 자녀가 되라

에베소서 5 : 1~21

기업을 상실하게 하는 옛 사람의 성품을 벗고 빛의 자녀들이 되라

너희가 전에는 어둠이더니 이제는 주 안에서 빛이라 빛의 자녀들처럼 행하라(엡 5 : 8)

하나님께서는 타락한 이 땅을 다시 구원하실 계획을 가지셨다. 그 일은 창조 시에 삼위 하나님의 합작품으로 사람을 창조하셨듯이 육신을 입고 오신 아들이신 예수 그리스도와 성령님을 통하여 이 땅에 아버지의 신성을 다시 충만하게 전달하는 일이다.

하나님께서는 아들을 십자가, 부활, 승천으로 하늘 통치의 보좌에 앉게 하시고, 그가 머리가 되고, 교회가 그의 몸이 되어서 둘이 연합함으로 한 몸이 되어 이 땅의 문제를 풀어 가는 구속사의 계획을 가지고 계신다. 따라서 우리 교회는 구속사의 마지막 희망이다.

에베소서에 보여 준 교회를 통해 이루시는 구속사의 흐름

에베소서 1장 : 만물의 충만함을 통하여 완성되는 그리스도의 몸인 교회, 교회는 만물 안에서 만물을 충만하게 하시는 그리스도의 충만(구속사를 위한 하나님의 경륜에 대한 전체 그림)

에베소서 2장 : 한 새사람, 가족, 성전, 거처로서의 교회

에베소서 3장 : 우리 안에 거하셔서 우리의 지, 정, 의를 채우시는 하나님의 모든 충만하심으로서의 교회

에베소서 4장 : 장성한 그리스도의 수준까지 성장한 주님의 몸으로서의 교회

에베소서 5장 : 신랑을 위해 단장하는 영광스러운 신부로서의 교회

에베소서 6장 : 하나님의 전신 갑주로 무장하여 악한 영들과 싸우는 군사로서의 교회

교회를 그리스도의 장성한 분량이 충만한 수준으로 성숙시키기 위하여서는 마디와 힘줄의 역할이 대단히 중요하다.

1. 신성의 충만이 예수님으로부터 만물까지 흘러갈 것이다(엡 1 : 20－23).
2. 마디와 힘줄 역할을 감당하는 교회의 사역자(항존직, 리더)들은 그 충만함이 온몸, 모든 지체에 흘러가도록 먼저는 자신이 그리스도와 동일시되어야 한다(엡 2 : 5－6).
3. 이방인, 내가 섬기는 지체에게 그 풍성함을 그대로 전달해야 한다(엡 3 : 6).
4. 마디와 힘줄이 되어 그리스도의 장성한 분량이 충만한 수준에까지 도달한 성숙한 몸을 만들어야 한다(엡 4 : 11－16).

5. 부부가 그리스도의 몸이 되기, 부모와 자식, 직장에서의 만남, 교회 안에서 목자와 양의 만남이 그리스도의 몸을 만들기 위한 수고가 되어야 한다(엡 5－6장).
6. 이러한 수고들은 결국 우리 주님이 왔다 가신 구속사의 전체 프로세스를 도와서 땅에서 먼저 연합, 통일이 이루어지고, 더 나아가 만물이 하늘과 통일되고(엡 1 : 10), 충만하게 되는(엡 4 : 10) 구속사의 완성에까지 도달할 것이다.

교회가 타락한 이 역사를 하나님 나라로 바꾸는 구속사를 완성시키기 위해서는 그리스도의 충만함을 전달할 통로로서의 자질을 갖춰야 한다. 죄, 세상의 문화, 옛사람에 대하여 정결해야 한다. 그것은 마치 신부가 신랑을 위해 순결을 준비해야 하는 것과 같은 이치이다.

하나님의 아들, 장자, 이 땅을 책임지는 상속자, 원수와 싸우는 군인, 신랑 되시는 그리스도를 맞이하기 위하여 준비하는 신부로서의 자격을 잃지 말아야 한다. 바울은 “이 비밀이 크도다”(엡 5 : 32)라고 말한다. 곧, 그리스도와 교회의 관계는 하나님 안에서 크고 중대한 비밀이다. 이 땅에서 가정이 중요한 것은 이러한 하늘의 관계를 지상에서 실습하는 현장이기 때문이다. 바울은 남편과 아내의 관계를 통해서 그리스도와 교회의 비밀을 실제적으로 설명한다.

에베소서 5장은 먼저 1~21절에서는 개인의 내면적 관리를 요청하고, 22~33절에서는 신부로서의 교회와 그리스도의 관계를 말한다.

[본문읽기 질문]

1. 그리스도는 우리를 위하여 자신을 버리사 무엇으로 하나님께 드리셨는가?
2. 하나님의 자녀로서 그 이름조차도 부르지 말라고 하신 3가지는 무엇인가?
3. ( ) 안에 들어갈 단어를 본문에서 찾아보자.

   "누추함과 어리석은 말이나 희롱의 말이 마땅치 아니하니 오히려 (   )하는 말을 하라"(엡 5 : 4).
4. 하나님의 나라에서 우상숭배자가 얻지 못하는 것은 무엇이라 말하는가?
5. 빛의 열매는 무엇인가?
6. ( ) 안에 들어갈 단어를 본문에서 찾아보자.

   "너희는 (   ) 없는 어둠의 일에 참여하지 말고 도리어 책망하라"(엡 5 : 11).
7. 지혜 있는 자같이 하여 무엇을 아끼라 하는가?
8. ( ) 안에 들어갈 단어를 본문에서 찾아보자.

   "(   ) 취하지 말라 이는 방탕한 것이니 오직 (   )으로 충만함을 받으라"(엡 5 : 18).

1. 사랑받는 자녀로서 하나님을 본받으라(엡 5 : 1－7)

1) 사랑이신 하나님을 본받음(엡 5 : 1－2)

Q1 죄인 된 사람들이 감히 하나님을 본받을 수 있다고 말한다. 그 동인이 어디에 있는가?(엡 5 : 1)

Q2 "하나님은 사랑이심이라"라는 말씀의 증거는 무엇인가?(롬 8 : 32, 요일 4 : 9, 16)

Q3 하나님께서 그 사랑을 받은 우리에게 요구하시는 사랑의 특징은 무엇인가?

기독교 윤리의 핵심은 사랑이다. 하나님께서는 사랑 안에서 우리를 선택하사 아들로 삼으셨고 교회 공동체는 사랑 안에서 하나로 연합되고 성장한다. 사랑을 입은 자녀가 그 아버지를 닮아 가는 것은 당연한 것이며, 사랑하는 자녀가 하나님을 본받아야 하는 요구는 사랑에 기초한다. 그 사랑은 단순한 사랑이 아니라 아들을 주신 사랑이며, 십자가에서 목숨까지도 아끼지 않으신 사랑이다. 교회 안에서 구제와 교제에 머무는 사랑은 단순히 인간적인 사랑일 수 있다. 삶에서 하나님을 본받아 나타나는 사랑의 특징은 자기희생적이다.

적용질문

1. 우리가 나면서부터 죄인이며, 본질상 악한 본성을 가졌음에도 불구하고 사랑할 수 있는 근본 가능성이 어디에 있는가?

2. 하나님 나라의 자녀로 살아가면서 하나님의 원칙이 아닌 내가 세운 원칙, 내가 살아왔던 기준에 맞추어 옳고 그름, 좋고 나쁨을 설정할 때가 많다. 지나온 삶 속에서 내가 좋아했던 사람과 싫어했던 사람을 다섯 사람씩 떠올려 보고 그 기준이 무엇이었는지 정리해 보자.

3. 나는 어떤 방식으로 그리스도의 사랑을 나누고 있는가? 내가 가족들을 돌보듯 영적으

로 품고 양육하는 사람들을 정리해 보자. 내가 섬기고 있는 사람은 누구인가? 어떤 방법으로, 어떤 내용으로 그를 섬기고 있는가?

2) 하나님의 자녀로서의 행동(엡 5 : 3-4)

Q1 주님을 만난 이후 하나님 나라의 백성으로서 우리가 버려야 할 것들과 취해야 할 것은 무엇인가?

구약 시대 때는 우상숭배로 하나님의 복을 잃어버렸고 지금은 마음속의 정욕과 탐심으로 하나님의 복을 놓치며 살아간다. 그러므로 성도는 기업을 상실하게 하는 옛 사람의 찌꺼기들을 버려야 한다. 망한 이스라엘 백성처럼 하나님의 부르심의 소망과 받을 기업들을 바라보지 않고 욕망을 따라가다가 기업을 상실하는 어리석은 자들이 되어서는 안 된다. 그리스도인의 언어생활에 있어서 최선의 태도는 우리가 이미 그리스도 안에서 경험한 하나님의 은혜에 대해 감사하는 말을 하는 것이다(Lincoln).

Q2 버려야 할 것들을 버리는 삶, 또는 버려야 할 것들을 버리지 못하는 삶, 현재 나의 선택과 행동이 나의 삶에 어떤 영향을 끼치는가?

제8강

적용질문

1. 나의 신분은 하나님의 자녀이다. 나의 행동은 어떠한가? 누구에게 이끌림을 받고, 누구의 명령에 순종하고 있는가? 하나님의 말씀 앞에 긍정으로 "아멘" 하는 사람인가, 사탄의 유혹에 더 호의적인 사람인가?

2. 오늘날 우리가 그리스도인으로서 해서는 안 되는 일들에는 어떤 것들이 있는가? 내가 꼭 해야 할 일과 하지 말아야 할 일 열 가지를 십계명으로 적어 보자.

3. 나는 사람을 살리는 하나님의 도구인가, 사람을 절망하고 파괴하는 도구인가? 내가 살린 사람의 이름을 적어 보자. 내가 상처를 주었거나 나로 인하여 피해를 입은 사람의 이름을 적어 보자. 도저히 용서가 안 되는 사람의 이름을 적고 그들을 위해 기도하자.

3) 기업을 상실하게 하는 죄들(엡 5 : 5－7)

Q1 해서는 안 되는 일들로 그리스도와 하나님의 나라에서 기업을 상실하는 사람들은 누구인가?

Q2 우상숭배란 무엇인가?(롬 1 : 25, 골 3 : 5)

여러 가지 죄악 중 우상숭배자는 하나님에 대한 잘못된 생각을 가지고 있는 사람이다. 바울이 인간의 탐욕을 품는 자가 우상숭배자라고 말한(골 3 : 5) 이유는 하나님의 뜻보다는 자기의 뜻을 먼저 생각하기 때문이며, 경배를 통해 이득을 탐하고 결국 이를 통해 창조주보다 피조물을 섬기는 결과를 가져오기 때문이다. 우상숭배의 바탕에는 바로 옛 사람의 습성인 욕심이 있다. 바울은 바로 이러한 자들은 하늘나라에서 기업이 없다고 말한다.

Q3 우리의 언어와 행동의 불결함은 어디로부터 나오는가?(마 5 : 8, 마 15 : 18－20, 잠 4 : 23)

언행의 불결은 생각과 마음의 불결에서 나오므로 주께서는 마음이 정결한 자가 복이 있다고 말씀하셨고, 잠언은 "모든 지킬 만한 것 중에 더욱 네 마음을 지키라"고 말한다(잠 4 : 23). 성도들은 누추하고 어리석은 말, 희롱의 말과 같은 악한 것들로부터 자신을 분리하여 하나님의 선택된 백성으로 언어의 본질적인 특성을 발휘해야 한다. 그것이 바로 감사하는 말이다. 성도는 더러운 것들의 이름조차도 불러서는 안 될 구별된 존재임을 알아야 하고 그리스도 안에서 내가 누구인지를 인식해야 한다.

적용질문

1. 구약 시대에서 가나안 땅이 이스라엘의 약속의 기업이었던 것처럼, 신약 시대에는 그리스도가 우리의 기업이다. 그리스도를 통해서 우리가 얻는 기업들은 무엇인가?(골 1 : 12－14)

2. 우리 하나님 아버지의 사랑이 나를 본받게 한다고 말한다. 내가 아버지께 받은 사랑을 한마디로 묘사한다면 뭐라고 표현할 수 있는가? 내가 경험한 그 사랑이 그대로 이웃에게로 흘러가고 있는가?

3. 내가 오늘 감사의 말을 전달해야 할 사람은 누구인가? 지나온 날들 중 가장 감사하고 싶은 사건이나 사람을 기억해 내서 감사 일기를 써 보자.

2. 빛 가운데 행하라(엡 5 : 8 – 14)

1) 빛의 열매(엡 5 : 8 – 9)

Q1 빛의 자녀로서 맺어야 할 빛의 열매에는 어떤 것이 있는가?

____

Q2 다음 설명은 빛의 열매들 중 무엇을 말하는가?

__________ : 다른 사람을 위해 희생하고 섬기고 유익을 주려 하는 것
__________ : 신앙 양심과 성경 말씀을 따라 순종하는 삶으로 약한 것을 돌보는 것
__________ : 진리에 속한 참된 것으로 언행일치하며 삶에 일관성이 있는 것

이상의 세 가지는 빛이신 하나님께서 자녀들과 공유하시는 신적 속성으로 어두움의 열매(엡 4 : 31)와 대조되어 하나님의 자녀들의 삶 속에서 당연히 나타나야 할 행함의 열매들이다.

적용질문

1. 나의 삶에서 자원하여 기쁨으로 감당하는 주님의 일은 무엇인가? 혹 억지로, 심판이 두려워서, 책임감 때문에 하는 일은 없는가? 이런 마음을 바꿀 수 있는 방법이 있는가?

2. 내 삶 가운데 빛의 열매인 착함과 의로움, 진실함의 열매들을 찾아서 적어 보자.

2) 주님을 기쁘시게 하는 일(엡 5 : 10－13)

Q1 열매 없는 어두움의 일에 대해 우리는 어떤 태도를 취해야 하는가?

Q2 빛의 역할은 무엇인가?(요 3 : 19－21, 요일 1 : 5－6)

빛은 어두움과 믿지 않는 자들의 악을 폭로한다. 이것은 믿지 않는 자들이 어두움의 일을 행하는 것에 대한 경고이다. 또한 폭로될 어두움의 일에 동참하지 말라는 경고이기도 하다. 이 빛은 하나님의 온전하신 의와 같다. 당신이 이 빛을 받으면 이 빛은 당신의 삶에서 다시 의로운 열매로 나타난다. 당신이 죄를 짓는다면 이 의의 빛은 당신의 행위가 어두움의 행위라는 것을 폭로할 것이기에(엡 5 : 11－13) 빛은 잠자는 성도들을 깨운다. 그리스도인의 윤리의 중심은 그리스도이시다. 그리스도는 참된 빛으로 그분 안에 있는 자들은 그분과 같이 빛이 된다. 바울은 성도들을 빛이라고 불렀으나 그들이 무엇을 행하든지 빛이라고 말하는 것이 아니다. 행동이 빛으로 나온 것이 아니라면 그들은 이미 빛이 아니다(엡 5 : 13).

적용질문

1. 빛의 자녀로서 살아가는 나의 삶의 최고의 목표, 최고의 기대는 무엇인가?

2. 주님을 기쁘시게 하기 위해서, 매일, 매 사건마다 어떤 결단과 행위를 드리고 있는가?

3. 지난 세월 동안 내게서 드러났던 빛의 열매들은 무엇이었는가? 아직도 투쟁하고 싸우고 있는 어두움의 일은 무엇인가?

3) 주님의 명령(엡 5 : 14)

Q1 잠자는 상태, 죽은 자의 상태는 어떤 상태인가? 깨어 일어난다는 의미는 또 어떤 상태를 말하는가?

Q2 어두운 잠에서 깨어나는 방법은 무엇인가?(요 1 : 9, 사 60 : 1)

빛으로 오신 그리스도께서 어두움 속에 있는 자들에게 생명의 빛을 비추신다(요 1 : 9). 이것은 비그리스도인이 어두운 잠에서 깨어나 생명의 빛 속으로 들어감으로 새로운 탄생을 체험하는 것을 의미한다(사 60 : 1). 그러므로 어두움에서 빛으로의 변화는 인간 자신의 힘이 아니라 그리스도의 주권적인 능력으로 이루어진다(Hendriksen).

적용질문

1. 빛과 어두움의 갈등으로 고민해 본 적이 있는가? 극복했다면 어떻게 극복했는가?
2. 그리스도인은 자기 주위의 어둠을 벗겨 내고 그의 삶으로 그것을 바꾼다(엡 5 : 13). 나의 일상생활에 적용하여 보자. 내가 벗겨 내어야 할 어둠은 무엇인가?
3. 우리나라의 기독교인 인구가 20~25% 정도인데, 2013년 기준 국제 청렴도 순위는 39위(10점 만점에 5점)라고 한다. 그 이유가 무엇이라고 생각하는가?

3. 빛의 자녀들의 삶(엡 5 : 15－21)

1) 시간을 아껴 사는 지혜 있는 사람이 되라(엡 5 : 15－17)

Q1 지혜 있는 사람은 어떤 사람인가?

Q2 시간을 아끼는 지혜의 삶이란 무엇인가?

'아낀다'는 것은, 안 쓴다는 것이 아니라, 제한이 있는 것을 사용하면서도 가장 적절한 소비로 최상의 성과를 거두는 것을 말한다. 시간 활용은 결국 기회를 놓치지 말라는 말씀이다. 배울 수 있는 기회, 선을 행할 수 있는 기회, 충성할 수 있는 기회를 놓치지 않는 지혜가 필요하다. '시간을 구속하다'라는 말이 '세월을 아끼라'라고 번역되었다. 여기서 '시간'에 해당하는 단어 '카이로스'는 알맞은 상황, 기회, 특별한 상황에 의해 구별된 시간을 뜻한다. 본문은 일반적인 의미에서 시간을 사는 것이 아니라 때가 악하고 하나님을 대적하기 때문에 가능한한 모든 기회를 살 것을 말한다. '구속'(redeemed)이란 단어는 거래의 기회를 잡기 위해 신중하라는 시장 용어이며, NIV에서는 '모든 기회를 최대한 활용하라'로, NASB에서는 '너의 시간을 최대한 선용하라'라고 번역되었다. 여기서 주된 생각은 시간을 낭비하지 말고 절제하고 부지런하게 사용하라는 일반적인 의미가 아니라, 오히려 그리스도의 메시지를 세상과 나눌 모든 기회에 '민감'하라는 강조의 표현이다.

적용질문

1. 하나님의 자녀로서 거룩한 삶(구별)을 어떻게 실천할 수 있는지 생각해 보자. 현재 나의 삶 속에서 하나님께 구별시켜야 할 부분은 어떤 것이 있는가?

너희는 나에게 거룩할지어다 이는 나 여호와가 거룩하고 내가 또 너희를 나의 소유로 삼으려고 너희를 만민 중에서 구별하였음이니라(레 20 : 26)

2. 성경은 세속의 흐름, 일상의 많은 부도덕과 악을 이길 수 있는 지혜가 무엇이라고 말하는가?

3. 어리석은 사람과 지혜로운 사람의 차이가 무엇인가?(엡 5 : 16－17) 나는 어떤 사람인가?

2) 성령 충만을 받으라(엡 5 : 18)

Q1 술 취함과 성령 충만을 비교한 이유가 무엇인가?

Q2 "오직 성령으로 충만함을 받으라"를 따르는 삶은 어떤 삶을 말하는가?

술에 취하는 것을 술기운에 산다고 말하는 것처럼 '성령에 취하라'는 것은 '성령의 기운으로 살라'는 의미이다. '충만하다는 것'은 '~의 기운으로(감화로) 산다'는 말이며, 이는 우리의 지, 정, 의, 전인격이 다른 영향과 다른 세력에 의해서 조종을 받고 있다는 것을 의미한다. 술기운으로 사는 사람은 전적으로 그 영향 가운데 있다. 그러나 성령에 충만한 사람은 성령님의 영향 가운데 살아가는 사람이며, 성령 충만을 받기 위해서는 우리의 삶 자체, 곧 성령 하나님께서 우리를 다스리실 수 있도록 마음과 뜻과 정성을 다해 자발적으로 복종하는 것이 필요하다. 그러면 우리는 성령의 열매가 우리 안에 확증이 되어 나타남을 보게 될 것이다.

적용질문

1. 성령에 취하지 않으면 세상에 취할 수밖에 없다. 나는 무엇에 취해 사는가?
2. 성령 충만한 삶은 풍성한 열매를 제공한다. 나에게는 어떤 열매들이 있는가?(갈 5 : 22 – 23)
3. 성령 충만하기 위해서 내가 할 수 있는 일은 무엇이 있는가?(눅 11 : 9 – 13)

제8강

3) 성령 충만한 삶의 특징(엡 5 : 19 – 21)

Q1 성경은 성령에 충만한 사람들의 삶 속에 나타나는 특징을 무엇이라고 말하는가?(행 16 : 25, 빌 4 : 4, 골 3 : 16)

술 취함의 결과가 방탕으로 드러나듯, 성령 충만은 여러 면에서 그것과는 대조적으로 나타난다. 일상생활의 모든 교제에서 성령께서 제공하시는 기쁨과 평강 때문에 찬양과 찬미의 열매를 맺는다. 또한 그러한 찬양은 어떠한 경우에도 끊임없는 감사를 수반한다. 더 나아가서는 궁극적으로 교회 공동체에 속한 모든 지체들이 신뢰와 돌봄을 통해 상호 복종하는 태도를 갖게 된다. 성도는 성령 충만의 증표를 환상이나 신유 등에서만 찾기보다는 내면적인 신앙의 성숙에서 찾아야 한다. 궁극적으로 교회 공동체에 속한 모든 지체들이 신뢰와 돌봄을 통해 일방적인 관계가 아니라 서로 존중하고 복종하는 관계가 된다.

적용질문

1. 우리 삶 속에 하나님께로 구별시키기가 어려운 영역들은 어떤 부분이 있는가? 그러한 삶을 극복한 사례들을 나누어 보자(예 : 직장에서 구별된 삶을 살기, 가정생활을 그리스도의 몸을 만들기 위한 수고로 목적을 바꾸기).

2. 매일, 매 순간 성령을 따라 행하는 일이 매우 중요하다. 어떻게 해야 성령님의 인도하심을 놓치지 않고 그 인도하심을 따라 살 수 있는가?(중병을 앓고 있는 환자가 약 복용을 잊지 않듯)

3. 항상 기뻐하며 모든 일에 감사하는 삶을 실천하고 있는가? 무엇이 감사와 기쁨의 삶을 가로막고 있는가?

에베소서 5장의 정리(엡 5 : 1－21)

영광스러운 교회 : 상속자, 정결한 신부로서의 교회

기업을 상실하게 하는 옛 사람의 성품을 벗고 빛의 자녀들이 되라(엡 5 : 5－9)

1) 사랑받는 자녀로서 하나님을 본받으라(엡 5 : 1－7)
기업을 상실하게 하는 죄들을 지으면 상속권이 박탈된다.

2) 빛의 자녀들의 삶(엡 5 : 8－21)
주를 기쁘시게 하는 삶을 살라.
성령에 취한 삶을 살라.
하나님 나라를 회복하는 교회를 이루기 위해 성도는 기업을 상실하게 하고 진노를 가져오는 모든 옛 모습들을 버리고 빛의 자녀다운 삶을 살아야 한다. 언제나 성령 충만한 성도가 되어 예수님을 본받는 삶을 살고 신부가 신랑을 맞이하기 위해 단장하는 것처럼 신랑이신 그리스도를 머리로 모시고 그분의 뜻에 순종하며 생명으로 하나가 되어야 한다. 예수님을 이 땅에 보내신 우리 주님의 목적을 잃어버리고 현실의 삶에 취해서 살거나, 주의 뜻을 행하지 못하고 그릇된 행동 속에 살아간다면, 구원받은 주의 자녀라 할지라도 축복의 땅 에덴에서 쫓겨난 아담처럼 많은 권리들을 상실하게 될 것이다. '구원'은 지옥에서 건져 내는 것만을 말하지 않는다. 그리스도의 신부인 교회, 영광스러운 교회가 우리의 목표가 되어야 한다.

자기 앞에 영광스러운 교회로 세우사

티나 주름 잡힌 것이나 이런 것들이 없이

거룩하고 흠이 없게 하려 하심이라

엡 5 : 27

제9강

영광스러운 교회

에베소서 5 : 22~6 : 9

9

영광스러운 교회

에베소서 5 : 22~6 : 9

바울은 에베소서에서 '교회'를 '머리와 몸'의 관계로, '신랑과 신부'의 관계로 설명한다. 에베소서 5 : 22~33은 그리스도와 교회의 관계를 '남편과 아내'의 관계로 설명한다. 이 부분은 에베소서 5 : 22~24, 25~32, 33으로 구분되며, 에베소서 5 : 22~24에서 바울은 아내들에게 그리스도께 하듯 남편들에게 복종하라고 권면하고 또 남편들은 그리스도께서 교회를 사랑하는 것처럼 아내를 사랑하라고 권면한다. 바울은 교회에 대한 그리스도의 사랑의 모델을 남편과 아내에게 적용한다. 에베소서 5 : 26~27은 에베소서 5 : 25b의 연장으로 그리스도의 죽음의 세 가지 목적을 진술한다. 그의 죽음은 교회를 정결하게 하기 위한 것이며, 교회를 영광스런 모습으로 자기 앞에 세우기 위한 것이며, 교회를 거룩하고 흠이 없게 하기 위한 것이라고 말한다.

24이러므로 남자가 부모를 떠나 그의 아내와 합하여 둘이 한 몸을 이룰지로다 25아담과 그의 아내 두 사람이 벌거벗었으나 부끄러워하지 아니하니라(창 2 : 24－25)

이 부분은 부부 사이, 부모와 자녀 사이, 종과 상전과의 윤리를 이야기하고 있다. 부부 사이, 부모와 자녀 사이에도 올바른 인간관계가 필요하다. 사람들 사이에서 살아가는 그리스도인들은 공동체 속에서 하나님의 이름을 드러내야 하기 때문이다. 우리는 서 있는 그곳에서 하나님의 자녀답게 행동하며 삶의 현장에 하나님의 나라를 건설하는 주역들이어야 한다. 내가 주님과 건강한 관계를 맺고 구속사를 위하여 주님의 부르심을 받았다고 한다면, 구체적으로 우리의 부부 관계, 부모와 자녀의 관계, 직장생활 등에서도 동일하게 주님을 섬기듯 해야 하고 그곳을 구속사를 펼치는 사명의 장, 하나님의 통치가 실현되는 하나님 나라로 건설하는 일에 우리 모두가 쓰임받아야 한다. 삶의 현장에 하늘과 땅의 통일이 나타나야 하는데 그것은 곧 그리스도의 몸을 만드는 일을 통하여 실현될 수 있다.

[본문읽기 질문]

1. 공통으로 들어간 단어는 무엇인가?
   "이는 남편이 아내의 (　　　) 됨이 그리스도께서 교회의 (　　　) 됨과 같음이니 그가 바로 몸의 구주시니라"(엡 5 : 23).
2. 공통으로 들어간 단어는 무엇인가?
   "남편들아 아내 사랑하기를 그리스도께서 (　　　)를 사랑하시고 그 (　　　)를 위하여 자신을 주심같이 하라"(엡 5 : 25).
3. 주께서 교회를 위하여 자신을 주시고, 물로 씻어 말씀으로 깨끗하게 하시는 것은 어떠한 교회로 세우기 위함인가?
4. 부부가 하나 되는 비밀은 결국 어떤 관계에 대하여 말하는 것인가? 그리스도와 (　　　　)
5. 약속이 있는 첫 계명은 무엇인가?
6. 종들은 육체의 상전들에게 순종하기를 누구에게 하듯 해야 하는가?
7. 상전들은 종들에게 무엇을 그쳐야 하는가?

1. 현장 1 : 부부 관계(엡 5 : 22-33)-그리스도인의 윤리 1(가정에서 그리스도의 몸 만들기)

1) 아내는 남편에게 복종하라(엡 5 : 22-24)

Q1 아내가 남편에게 복종해야 하는 이유가 무엇인가?

교회의 머리이자 몸의 구주이신 그리스도의 지위가 문화마다 달라지지 않듯이, 부부의 관계에서 남편의 머리 됨과 아내가 범사에 자기 남편에게 복종해야 할 의무도 이와 마찬가지이다. 여기서 머리는 남편의 권위를 가리킬 뿐 어떤 원천을 의미하지는 않는다. 오히려 교회의 머리 되신 예수님이 생명의 근원이 되시어 온몸의 지탱과 성장을 위해 모든 것을 공급하며 도우심을 알 수 있다. 그리스도의 구속으로 얻은 새 창조에서 부부는 그리스도를 경외함으로 피차 복종하라고 말하며 이를 통해 갈라디아서 3 : 28의 원칙인 동등성과 상호주의를 부부 관계에도 적용하고 있다. 이 명제를 근거로 아내의 복종과 남편의 사랑을 가르친다. 여기서 '복종'이란 '자신의 권리, 의지를 자발적으로 포기하고 내어주며 기탁한다'는 의미로 볼 수 있다. 따라서 남편과 아내는 서로의 몸과 마음을 자발적으로 모두 내어 주는 하나 됨의 관계이다. 이 본문을 바르게 이해하려면 예수님의 '머리 됨'의 기능을 아는 것이 중요하다. 예수님은 교회를 사랑하시고 그를 위해 자신을 내어주시어 구주가 되셨으며, 자기 앞에 거룩하게 하시고 양육하고 보양하사 영광스러운 교회로 세우셨다.

적용질문

1. 그리스도인들의 부부 관계에 있어서 아내가 남편에게 복종하기에 앞서 생각해야 할 것은 무엇인가? 참된 복종의 의미는 무엇인가?

2. 나의 배우자(남편)에게 복종할 수 있을 만큼 그를 신뢰하고 사랑하는가? 나는 아내에게 생명을 줄 만큼 희생하고 사랑하는가?(복종과 희생은 그리스도의 몸인 교회를 만들기 위한 하나의 수단으로 가르쳐 준 것이다. 부부의 만남의 궁극적인 목적은 그리스도 안에서 머리 되신 그리스도와 연결되어 한 몸이 되는 것이다.)

3. 하나님께서 나에게 주신 배우자가 하나님께서 허락하신 복의 결과라고 생각하는가? 만

약 내게 만족을 주지 못하는 만남이라면 어떻게 해야 하는가?

2) 남편은 아내를 사랑으로 대하라(엡 5 : 25-29)

Q1 남편들에게 요구되는 명령은 무엇인가? 그리스도께서 교회를 어떻게 사랑하셨는가?

아내를 사랑하는 모범은 그리스도께서 교회를 위하여 자신을 주심같이 아내를 사랑하는 것이다. 그리스도는 교회의 머리이며 교회는 그리스도의 몸이기에 이 둘은 나눌 길이 없다. 그러므로 교회이기만 하면 실질적인 문제는 모두 해결된다. 사랑받고 보호받는 위치가 교회이며, 교회로 부르심을 받은 사람들이 그 위치에 있어야만 그리스도의 몸으로 사랑받고 보호를 받는다. 아내의 복종은 남편이 종에게 명령하는 것처럼 배우자의 주인 됨을 암시하는 것이 아니다. 남편은 자기 생명을 주어 아내를 사랑해야 하고 아내는 이 남편에게 복종해야 한다.

적용질문

1. 머리와 몸의 관계가 유통의 관계라면 부부의 관계는 소통의 관계이다. 우리 부부의 대화는 서로의 마음을 공감하고 지지, 격려하는 차원의 대화인가? 아니면 의사전달, 혹은 조종, 지시, 명령의 대화인가?

2. 배우자에게 사랑이라는 명목 아래 군림, 속박, 강요를 하고 있지 않는가? 어떤 방법으로 경직된 가정의 구조를 바꿀 수 있는가?

3. 가정은 영적 전쟁의 장이면서 하나님 나라를 건설하는 현장이다. 가정의 회복과 성장을 위해 내가 할 수 있는 일은 무엇인가?

3) 부부 연합, 그리고 교회의 비밀(엡 5 : 30-33)

Q1 결혼을 통해 알 수 있는 그리스도와 교회의 비밀은 무엇인가?

Q2 그리스도께서 영광스러운 교회를 세우기 위해 무엇을 하셨는가?(엡 5 : 25－27)

그리스도의 죽음의 목적은 교회를 물로 씻어 말씀으로 깨끗하게 하시고 자신을 위해 우리를 거룩하게 구별하여 영원한 소유로 삼으시기 위함이다. 그리스도의 죽음은 자신을 주어 찬란하고 영광스러운 교회를 세우시려는 것이다. 그러므로 그리스도는 교회의 완성을 위하여 자신을 교회에 주신다.

물로 씻음은 세례를 의미하고 말씀은 복음을 의미한다. 그리스도는 지금 교회에 어떤 사역을 하고 계신가? 부딪치는 환경을 통하여 자기를 깨뜨리는 세례의 삶을 살게 하시고 하나님의 말씀을 통하여 성결하게 하시며 깨끗하게 하신다. 말씀은 교회를 정결하게 할 뿐만 아니라 교회를 양육한다(엡 5 : 29). 이것은 성도들의 새로운 본성을 위한 영적인 음식이다.

Q3 "이 비밀이 크도다"의 의미는 무엇인가?(엡 5 : 28－33)

둘이 연합하여 교회가 됨으로 그리스도의 생명을 만물에게 전달하는 그 신비로운 비밀이 크다. 이 비밀을 깨달은 자로서 성도들은 남편과 아내뿐만 아니라 모든 관계 속에서 교회를 이루어야 하며 머리이신 그리스도에게로 접붙여진 몸의 삶을 살아야 한다.

적용질문

1. 오늘날 많은 가정들이 무너지고 위기 가운데 있다. 무엇이 가장 큰 원인이라고 생각하는가?

2. '영광스러운 교회'라는 칭호를 듣는 수준이 되려면 어떤 모습들이 더 회복되고, 변화되어야 한다고 생각하는가?

3. 주님은 교회를 풍성하게 하시고 온전하게 하시기 위해 자신을 주셨다. 그리스도를 만나서 풍요로운 사랑을 누리고 살고 있는가? 그 풍성함과 넉넉함을 자랑해 보자.

2. 현장 2 : 자녀와 부모의 관계(엡 6 : 1 – 4)

1) 자녀의 의무(엡 6 : 1)

Q1 그리스도인 자녀들의 의무는 무엇인가? 주 안에서 순종해야만 하는 이유가 무엇인가?

Q2 하나님의 대행자로서 부모는 어떤 역할을 해야 하는가?

가정의 질서는 하나님의 경륜 안에 있고, 구속사의 완성을 향하여 나아가는 과정이므로 육신의 혈연적 관계로만 이해해서는 안 된다. 그리스도의 몸으로서 연합을 이룬 부모를 통해 자녀들은 하나님의 형상을 배우고 하나님께서 누구신지 깨닫게 된다. 가정은 교회로서 사명을 가지고 있다. 부모는 자녀들에게 그리스도 안에 있는 풍성한 생명을 전달해야 할 사명이 있고, 자녀는 이러한 부모에게 순종하며 주 안에서 양육되어야 한다. 건강한 가정이 계속적으로 뻗어 나가 교회를 이루어 만물을 회복하는 유통의 역사 가운데 참여하게 된다.

적용질문

1. 나는 부모나 목자를 하나님의 대행자로 인정하고, 그 영적 권위에 순종하며 사는가?
2. 부모를 통하여 전달되어 온 하나님의 성품, 스피릿은 무엇인가?
3. 내 자녀에게 흘려보내고 싶은 영적인 유산은 무엇인가?

2) 약속 있는 첫 계명과 축복(엡 6 : 2 – 3)

Q1 바울이 제시하는 약속 있는 첫 계명은 무엇인가?

'순종'이 보다 정신적인 의미를 강조하는 단어라면, '공경'은 보다 실제적이고 물질적인

의미를 강조하는 단어이다. 즉, 공경한다는 것은 말로만 하는 것이 아니라 눈에 보이는 무엇인가를 해 드리는 것이다. 공경이 없는 순종은 위선에 불과하다. 또한 순종이 없는 공경은 아첨에 불과하다. 부모에게 무엇을 잘해 드리면서 마음속으로 부모에게 순종할 생각이 없다면 공경은 피상적 아첨에 그치게 된다. 성경은 우리에게 참으로 순종하기를 원한다면 그 순종이 우리 삶에서 구체적인 공경으로 나타나야 한다고 가르친다.

Q2 '주 안에서' 부모에게 순종하고 공경해야 하는 이유와 목적은 무엇인가?(엡 6 : 1－3)

"주 안에서 순종하라." 함은 주님의 뜻에 합한 부모의 뜻을 순종하라는 말씀이다. 그러므로 이것은 맹목적 순종이 아니다.

적용질문

1. 주 안에서 부모에게 순종하라는 말씀의 의미가 무엇인가?
2. 부모를 공경하는 것이 우리에게 축복인 이유가 무엇이라고 생각하는가?
3. 오늘날 존속 살인 등의 심각한 문제가 우리 사회에 빈번하게 발생하는 것에 대해 어떻게 생각하는가? 오늘 가정에서 나타난 문제들의 원인이 어디에 있다고 생각하는가?

3) 자녀 양육의 원칙(엡 6 : 4) : 균형 잡힌 훈육은 반드시 실시되어야 한다

Q1 아비들(부모)이 자녀들을 양육하는 기준은 무엇인가?

자녀를 노엽게 하지 말고 주의 교양과 훈계로 양육하는 것이 성경적 교육이다. 자녀를 양육할 때 자신의 자존심을 채우려 하거나 다른 누군가를 기준으로 해서는 안 된다. 자녀를 가르친다는 것은 먼저 자기 자신과 싸우고 세상과 신앙 싸움을 하는 것이다. 우리는 누구를 가장 두려워하고 의지해야 하는지를 알려 주어야 한다. 오직 두려워해야 할 대상은 하나님이시다. 하나님을 의지하고 하나님의 방법으로 살아가는 것을 가르쳐야 한다.

Q2 부모의 어떤 양육 방식이 자녀를 노엽게 만드는가?

Q3 "오직 주의 교훈과 훈계로 양육"하는 과정은 자녀에게 최종적으로 무엇을 가르치기 위함인가?(신 6 : 4-9)

부모는 하나님과의 올바른 관계 속에서 자녀를 양육해야 한다. 하나님과의 관계에 문제가 생기면 이것은 곧바로 부모와 자녀와의 관계에 영향을 미친다. 자녀가 부모의 품에서 하나님의 사랑이 무엇인지를 배우게 하는 것이 하나님께서 부모에게 주신 신성한 의무이자 신앙적 특권이다. 그리스도께서 교회에 하신 것처럼 부모는 자녀의 게으름과 악한 성격까지도 인내하며 경건을 만들어 주어야 할 책임이 있고, 잘못할 때에도 주의 십자가 사랑으로 용서하고 사랑으로 품어 주어야 한다는 의미이다. 주 안에서 하는 훈계는 주의 훈계로 신명기 6 : 4~9에서 언급하는 것처럼 하나님에 대해 부지런히 가르치는 것을 말한다.

적용질문

1. 나의 가정을 오염시키는 것에는 무엇이 있는가? 미국에서 동성애를 반대하다 부모가 감옥에 간 사건을 접하면서 내가 이런 경우를 당한다면 어떻게 행동했을 것 같은지 나누어 보자.

2. 우리 가정은 성경에서 제시하는 양육 원칙을 따라 자녀를 양육하고 있는가? 우리 가정에서 신앙 교육은 어떻게 이루어지고 있는가?

3. 오늘날 미디어 문화가 우리 자녀들에게 끼치는 영향은 매우 크다. 나의 자녀가 하나님의 법에 반하는 내용을 담고 있는 노래나 영상(대중문화)을 즐기고 있을 때 어떤 자세를 취해야 하는가?

3. 현장 3 : 노사 관계(종과 상전, 엡 6 : 5-9)-그리스도인의 윤리 2 : 사회, 현장에서의 그리스도의 몸 만들기

1) 종들의 의무 : 해야 할 일 1(엡 6 : 5)

Q1 종들의 상전에 대한 의무는 무엇인가?

Q2 "그리스도께 하듯 하라"의 실천적 의미는 무엇인가?

바울은 종들이 어떤 환경 속에 있든지 그리스도인으로 올바른 삶을 살 것을 권고한다. 그들이 비록 억압받고 홀대받더라도 그들의 모든 목적과 동기가 주께 향하는 봉사가 되도록 하라는 교훈인 것이다. 우리가 문제 있는 세상을 변화시키는 방법은 달라야 한다. 투쟁이나 싸움이 아닌 섬김과 희생이 하나님 나라를 건설하는 방법이기 때문이다.

적용질문

1. 직장 상사나 선후배들을 섬기는 일과 하나님 나라의 일은 어떤 관계가 있는가?
2. 나의 마음을 상하게 하고 나에게 손해를 입히는 직장 상사에 대해 나는 어떤 태도를 취해야 하는가?
3. 직장 생활을 하나님께서 허락하신 축복의 자리로 여기며 즐겁게 감당하고 있는가?

2) 주인에 대한 태도 : 해야 할 일 2(엡 6 : 6-8)

Q1 종들이 상전을 섬기는 마음의 태도를 어떻게 하라고 하는가?

Q2 구원받은 자들에게 '직장'은 어떤 의미를 갖는가?

하나님 나라는 일차적으로 교회 공동체에서 볼 수 있지만 궁극적으로 우주 전체에 영향을 미치기 때문에 교회의 영역도 우주 전체, 곧 사회 전반에 걸쳐서 이해되어야 한다. 그 첫 번째 예가 가정과 교회이고 이 교회의 영역은 직장과 사회로 확대되어야 한다. 그리스도인에게 직장 생활이나 사회생활은 호구지책을 위한 수단이 아니고 하나님 나라를 건설하고 실현하는 사역의 현장임을 잊지 말아야 한다. "사람에게 하듯 하지 말라."라는 말씀은 그 직장의 주인은 우리 주님이심을 인정하라는 말씀이다. 그 모든 현장에 주님이 주권을 행사하실 수 있도록 우리가 자리를 마련해 드리고 우리의 직장을 주님의 것으로 올려 드려야 한다.

적용질문

1. 우리의 직장은 내가 섬겨야 할 하나님 나라의 영역 안에 있다. 지금까지 직장에서 일에 임하는 나의 자세는 어떠했는가? 주님을 섬기는 마음으로 일을 하고 있는가?

2. 나는 일주일에 몇 번이나 나라의 지도자나 목회자들, 영적 지도자들을 위해 기도하고 있는가?

3. 언제부터인가 우리 사회는 목회자나 스승의 이름을 폄하하여 부르는 세대가 되어 버렸다. 지도자나 어른에 대하여 홀대하는 그러한 대화, 호칭, 표현들을 어떻게 생각하는가?

3) 상전들의 의무(엡 6 : 9)

Q1 상전들이 종들을 대할 때 어떻게 하라고 말씀하는가?

Q2 상전들이 종들에게 의와 공평을 베풀어야 하는 이유는 무엇인가?(골 4 : 1, 약 5 : 4)

상전들은 종들을 주님이 기뻐하시도록 대우해야 한다. 그들 역시 자신들에게 삶의 본을 보여 주신 주님을 모신 종들이기 때문이다. 그러므로 종들에 대해 공갈을 그치고 바르고 공정하게 대해야 한다. 이 땅의 모든 사람들의 주님은 오직 한 분 예수님이시기 때문이며, 주님은 계급에 관계없이 편견을 보이시지 않는 분이시기 때문이다. 그러기에 주인들도 종들에게 공정하고 친절하며 정직해야 한다.

적용질문

1. 교회, 가정, 직장, 사회가 다 하나님 나라의 영역이라고 생각하는가? 나의 마음이 가장 느슨하게 풀리는 곳은 어디인가?

2. 직장에서는 하급자, 스승에게는 제자, 목회자에게는 양, 부모에게는 자녀 등 나보다 낮은 지위에 있는 사람을 대할 때도 주님 섬기듯 친절하고 정직하게 섬기는 태도를 유지하고 있는가?

3. 생명의 부양자, 복의 근원, 살리는 성령의 사람이 되도록 나를 현재의 이곳에 보내셨다고 한다면 앞으로 나의 행동이나 태도에 있어서 더 개선시켜야 할 점은 무엇이라고 생각하는가?

에베소서 5 : 22~6 : 9의 정리

1) 현장 1 : 부부 관계(엡 5 : 22-33)

아내는 교회가 그리스도께 하듯 : 권위를 인정하고 복종하라.

남편은 그리스도가 교회에게 하듯 : 희생적인 사랑을 하라.

2) 현장 2 : 자녀와 부모의 관계(엡 6 : 1-4)

자녀는 주 안에서 부모에게 순종하고 공경하라.

부모는 주의 교훈과 훈계로 양육하고 자녀를 노엽게 하지 말라.

3) 현장 3 : 노사 관계(종과 상전)(엡 6 : 5-9)

종은 육체의 상전에게 순종하기를 주께 하듯 하라.

상전은 종에게 이와 같이 행하고 위협을 그치라.

마귀의 간계를 능히 대적하기 위하여

하나님의 전신 갑주를 입으라

엡 6 : 11

제10강

하늘에 있는 악의 영들을 상대하여 싸우라

에베소서 6 : 10~24

10

하늘에 있는 악의 영들을 상대하여 싸우라

에베소서 6 : 10~24

11마귀의 간계를 능히 대적하기 위하여 하나님의 전신 갑주를 입으라 12우리의 씨름은 혈과
육을 상대하는 것이 아니요 통치자들과 권세들과 이 어둠의 세상 주관자들과 하늘에 있는 악
의 영들을 상대함이라(엡 6 : 11-12)

이전까지 교회를 그리스도의 신부로 설명하던 바울은 이제 전신 갑주로 무장한 군사로 설명하고 있다. 군사인 우리는 삶이라는 현장 속에서 훈련을 통해 하나님의 군대로 세워진다. 군대는 영적 전쟁에서 악한 영들과 싸워 이기기 위해서 전신 갑주를 입고 악한 영들의 궤계를 파하고 그리스도를 섬기기 위해 무장되어야 한다. 이제 사도 바울은 에베소서를 마감하면서 우리가 어떻게 승리 가운데서 행할 수 있는가를 말해 준다(엡 6 : 10－24). 하나님께서 사탄을 정복하고 승리를 얻기 위해 마련해 놓으신 대비책을 모른다는 것은 슬픈 일이다. 그리스도가 사탄과 그의 무리를 완전히 정복해 놓으셨으므로(골 2 : 13－15, 엡 1 : 19－23), 그의 승리는 믿음으로 말미암아 우리의 것이 된다. 교회는 원수와의 전쟁에서 중요한 역할을 감당해야 한다. 십자가에서 이미 사탄의 머리는 깨어졌으나 그 잔존 세력을 퇴치하는 일은 교회의 몫으로 남아 있다. 사탄의 공격들을 막고 승리하기 위하여 우리는 영적 무장을 해야 한다. 우리는 혈과 육의 세계 속에 살지만 환경이나 사람과의 관계가 전부는 아니다. 그러므로 그 내면에 깊고 신령한 세계의 비밀을 볼 수 있어야 한다고 말한다. 부부 관계, 부모와 자녀의 관계, 직장 생활, 사회생활, 교회 생활, 곧 성도와의 관계, 목자와의 관계 등은 사람과의 관계만으로 그치는 것이 아니라 우리가 반드시 정복하고 승리해야 할 영적 전쟁터이다. 이 모든 삶의 현장에서 우리는 그리스도의 몸의 역할을 감당해야 하고, 주님의 대행자로서 우리에게 주신 통치권을 가지고 하나님의 주권을 높여 드리며 영광의 찬송이 되어야 한다.

[본문읽기 질문]

1. 마귀의 간계를 능히 대적하기 위하여 무엇을 입어야 하는가?
2. 우리의 씨름(영적 전쟁)은 누구에 대한 것인가?
3. 전신 갑주를 이루는 무기는 몇 가지인가?
4. 전신 갑주 중에 방패는 무엇을 의미하는가?
5. 전신 갑주 중에 공격 무기는 무엇인가?
6. 바울이 개인적으로 부탁한 기도제목은 무엇인가?
7. 주 안에서 진실한 일꾼이라 칭찬받는 사람의 이름은 무엇인가?
8. 바울은 축복하는 기도에서 무엇을 겸한 사랑을 말하는가?

1. 현장 4 : 영적 전쟁(엡 6 : 10－17)

1) 주 안에서 그리스도의 힘의 능력으로 강건하라(엡 6 : 10－11)

Q1 마귀를 대적하기 위해 우리가 해야 할 일이 무엇인가?

Q2 영적 전쟁을 위해 우리가 강건해지는 방법은 무엇인가?(엡 6 : 10－11, 벧전 5 : 7－9)

우리 자신에게는 마귀를 이길 힘이 전혀 없을 뿐 아니라 우리를 약하게 만드는 부패성들만 가득한 것이 사실이다. 그러므로 우리는 다른 힘, 곧 성령님의 힘을 공급받아야 하며 그리스도만 의지해야 한다. '주 안에'는 확실히 승리하게 하는 영력으로 우리는 대적 앞에서 위축될 필요는 없다. 우리의 문제는 주님의 능력을 믿지 않는 데 있다. 우리가 주님만 믿으면 언제나 승리한다(벧전 5 : 7－9 참고).

교회의 사명은 마귀와 대적하여 싸우는 군대가 되는 것이다. 교회는 발등상이 되기를 기다리시는 주님 앞에 원수들을 굴복시켜야 한다(히 10 : 13). 군대로서 훈련하고 전신 갑주를 입어 제사장 나라의 사명을 감당하는 것이 그리스도의 몸인 교회의 역할이다.

적용질문

1. 무엇이 나를 강하게 만드는가? 무엇이 나에게 힘을 공급하는가? 예수님이 나의 힘이라고 고백하면서도 물질욕이나, 지위욕 등 다른 것들을 통해 만족하려고 애쓰지는 않는가?

2. 오늘 삶의 현장에서 싸워야 할 영적 환경이나 대상은 누구인가? 에베소서 5장과 6장에서 열거한 배우자, 자녀, 부모, 직장 상사, 성도, 목자를 협력자, 사랑할 대상으로 여기지 않고 원수로 대하고 있지는 않는가?

3. 그리스도의 힘이 아닌 세상의 것들을 의지했을 때 실패한 경험이 있는가? 실패를 통해 깨닫게 된 경험들을 나누어 보자.

2) 싸움의 영적 대상(엡 6 : 12 – 13)

Q1 우리의 싸움의 대상이 누구인가? 그들의 특징은 무엇인가?(엡 6 : 12)

그리스도인은 혈과 육(방해하는 사람들)을 상대하여 싸우는 것이 아니다. 그리스도인은 "지금 불순종의 아들들 가운데서 역사하는 영"(엡 2 : 2)에 대항하여 싸우고 있다. 성령님이 성도 안에서 역사하시며 거룩하게 만드시는 것같이 불순종의 영(사탄과 그의 귀신들)은 불신자들의 생활에서 역사한다. 진짜 적이 주님의 일을 방해하려고 혈과 육을 사용하고 있을 때 진짜 적을 못 보고 혈과 육을 상대로 싸운다는 것은 참으로 어리석은 일이다. 하나님께서 궁극적으로 신자들에게 무엇을 요구하시는가, 무엇을 의도하고 계시는가를 깨닫지 못하고 오해하게 하는 것, 이것이 신앙생활에서 가장 큰 시험이고 마귀가 가장 크게 공격하는 목표이다.

Q2 마귀가 우리를 공격하는 방법은 무엇인가?

마음을 혼미하게 한다 : (   )과 불신
공포 : 하나님의 (   )에 대해
미혹하게 한다 : (   )를 좇게 함
낙심하게 한다 : (   )를 기준 삼아 낙심함

적용질문

1. 마음에 하나님에 대한 혼란과 의심이 들 때가 언제인가? 내 마음에 소망하는 것을 들어주시지 않는 하나님이시라고 원망하며, 불평한 적은 없었는가?

2. 마귀는 나의 나약한 부분을 잘 알고 그 부분을 공략하여 쓰러뜨리기 위해 울부짖는 사자처럼 나의 주변을 맴돌며 기회를 노리고 있다. 마귀가 주로 공격하는 부분이 어디인지 나는 알고 있는가? 이 부분을 보완하기 위해 어떤 노력을 하고 있는가?

3. 나는 나의 적군이 누구인지 정확히 알고 있는가? 혹 아군을 공격하는 일은 없는가? 적군과 아군의 판단 기준은 무엇인가?

3) 전신 갑주(엡 6 : 14－17)

Q1 우리가 입어야 할 전신 갑주는 어떤 것인가?

____

우리가 입어야 할 갑옷은 하나님께서 우리의 안전을 위해 준비해 주신 것으로 나의 것이 아니라 모두 하나님의 것이다. 우리의 생사가 좌우되는 영적 전쟁터에서 신념 같은 형식적인 종교의 갑옷은 아무리 화려해 보인다고 해도 우리를 구하지 못한다. 그러므로 우리는 우리가 받은 소명에 따라 잘 훈련하고 굳건히 서서 방어하는 것이 가장 힘 있는 공격이 될 것이다. 이 갑옷은 공격전이 아닌 방어를 위한 갑옷이다.

Q2 "진리의 허리띠"를 띠는 것의 의미는 무엇인가?(시 119 : 67, 71－72)

____

'띠'는 옷을 몸에 고정시켜 준다. 진리의 말씀은 역사의 중심이고, 우리 삶과 무장의 중심은 그 말씀 앞에 응답하는 성도의 마음의 '진실성'이다. 그러므로 주님을 놓치지 말아야 한다. 그분이 진리이시기 때문이다. 진리의 말씀을 잘 배워서 진리를 가지고 있어야 마귀에게 패배하지 않는다. 진리가 나의 삶의 중심에 오게 하려면, 삶의 모든 가치관과 원칙이 말씀으로 재정립되어야 한다.

Q3 "의의 호심경"을 붙이는 의미는 무엇인가?(고전 1 : 30)

____

'호심경'은 목에서부터 허벅다리까지 가리는 것으로 가슴과 폐를 보호하는 역할을 한다. 여기에서의 '의'는 하나님의 의(義), 곧 칭의(稱義)의 의니, 그것을 흉부로(심장으로) 신뢰하는 자는 호심경(가슴을 감싸는 갑옷)을 입은 것과 같다. 하나님의 의를 힘입은 자를 정죄할 자는 없다(롬 8 : 33). 그리스도의 군병 된 우리는 믿음과 사랑으로(살전 5 : 8) 그리스도를 신뢰하고 순종해야 한다. 우리의 가슴속에 그리스도를 신뢰함과 사랑함이 없다면 그리스도의 군병이라고 할 수 없다.

Q4 "평안의 복음이 준비한 것으로 신을 신고"의 의미는 무엇인가?(롬 10 : 15)

'평안의 복음'은 우리의 평화이신 그리스도 안에서 구현된 것으로 수직적, 수평적 화해를 가져왔다. 이 복음을 통해서 그리스도인들은 원수 관계에 있던 하나님과의 화해를 이루었을 뿐만 아니라 유대인과 이방인 사이의 벽을 허물어 우주적 통일을 이루었다. 우리가 복음을 나눌 때 평안의 복음을 가지고 가야 한다. 서로 비판하기 위한 접근이나, 전도하다가 생각과 주장이 다르다고 절대 싸워서는 안 된다. 복음 전파는 평안의 복음을 전하는 것임을 잊어서는 안 된다.

Q5 "믿음의 방패를 가지고"의 의미는 무엇인가?(시 56 : 3－4)

그리스도인들이 마귀와 영적 전투를 할 때 사용하는 방패는 믿음이다. 우리는 믿음을 가지고 살아가면서 어려운 일을 당할 때마다 믿음으로 그 사건에 대처해야 된다. 원수의 모든 공격이 있을 때마다 믿음으로 하나님의 뜻을 선택하고 하나님의 도우심을 구함으로 승리할 수 있다. 사탄의 공격은 날카롭고 관통력이 있을 뿐 아니라 보다 치명적이고 맹렬한 위력이 있다. 믿음은 그들의 예리함을 무디게 만들 뿐 아니라 그들의 열을 식혀 준다. 그래서 사도 요한은 "세상을 이기는 승리는 이것이니 우리의 믿음이니라"(요일 5 : 4)라고 말하였다.

Q6 "구원의 투구를 가지라"의 의미는 무엇인가?(살전 5 : 8, 시 27 : 1)

투구는 다른 곳에서 구원의 소망으로 나타나지만(살전 5 : 8) 여기서의 투구는 이미 실현된 구원을 가리킨다. 왜냐하면 에베소 교인들이 이미 구원을 얻은 것으로 나타나기 때문이다(엡 2 : 5). 투구는 우리의 머리를 보호하는 장비로 구원의 확신이 없으면 우리의 생각이, 우리의 마음이 항상 불안하고 흔들리며 위협을 받는다. 구원의 확신이 우리를 보호한다.

Q7 "성령의 검, 곧 하나님의 말씀"은 무엇인가?

'하나님의 말씀'을 '성령의 검'이라고 하는 이유는 하나님의 말씀은 사람의 심령 골수를 쪼개기까지 하며 마음의 생각과 뜻을 판단하며(히 4 : 12－13), 하나님의 말씀으로 마귀를 전멸시키는 까닭이다(계 19 : 21).

이 세상에서 성도들이 치루는 영적 전쟁은 하나님의 말씀의 검으로 모든 일을 바로 분석하면서 전진하는 운동이요, 하나님의 영광을 위하여 싸워 나가는 운동이다. 말씀과 성령은 항상 동전의 양면처럼 같이 있어야 한다. 모든 무장이 다 방어용이지만 말씀과 성령은 공격용이다. 말씀을 전하고 성령의 능력을 나타내는 일은 언제나 선제공격의 선취를 얻게 해 준다. 말씀과 성령은 어쩔 수 없이 해야 하는 수동적인 것이 아닌, 적극적이고 공격적인 무기임을 잊지 말아야 한다. 말씀 공부, 성령의 기름 부음, 성령의 충만함을 위한 기도 생활은 사후 처리로 미루지 말고 선제적으로 준비하고 예치해 놓아야 싸움의 날에 능히 설 수 있다.

적용질문

1. 나는 하나님의 전신 갑주로 무장되어 있는가? 더 강화시켜야 할 부분은 어느 부분인가?

2. 영적 전쟁의 승리를 위하여 내가 가지고 있는 특별한 전략은 무엇인가?

3. 일반 교인들이 이단들을 분별하지 못하고 쉽게 빠져드는 이유가 무엇이라고 생각하는가?

2. 현장 5 : 기도의 뒷받침(엡 6 : 18－20)

1) 영적 전투와 기도의 중요성(엡 6 : 18)

Q1 바울은 영적 전투에 대해 권면하면서 기도에 대해 매우 강조한다. 그 이유가 무엇인가?

Q2 "깨어 기도하라"는 말의 의미는 무엇인가?

무거운 갑옷을 입고 서서 싸우기 위해서는 이 무장을 감당하기 위한 내적인 힘이 필요하다. 이 내적인 힘은 바로 기도이다. 기도 없이는 이 싸움을 승리로 이끌 수 없다. '깨어 있으라'는 그리스도인이 경계를 늦추어서는 안 된다는 그들의 일반적인 명령이다. 사도들은 바로 이 명령에 순종하지 못했기 때문에 비참한 불충에 빠지기도 했다. 주님을 기다리고 우리의 힘을 새롭게 하는 것은 기도로써 이루어지며, 기도가 없으면 우리는 악의 강한 힘에 맞서기에 너무나 약하고 무기력하다.

적용질문

1. 나는 시간을 정해 놓고 기도를 하고 있는가? 나의 기도 시간은 언제인가? 나는 하루에 몇 분(시간)을 기도하는가?
2. 기도로 깨어 시험을 이긴 체험이 있는가?
3. 나의 기도는 성령의 인도하심을 따라 하는 기도인가, 아니면 나의 필요와 상황만을 구하는 기도인가? 성령 안에서 기도한다는 말의 의미를 자신의 경험을 들어 설명해 보자.

2) 영적 전투와 기도의 내용(엡 6 : 19)

Q1 옥에 갇혀 있는 바울 사도가 자신을 위해 기도해 달라는 기도의 제목은 무엇인가?(골 4 : 3, 고전 14 : 15)

골로새서 4 : 3에서 바울은 전도할 문이 열리게 해 달라고 기도를 요청했는데 이는 말할 기회를 얻는 것을 의미한다. 말씀이 하나님께로부터 주어지게 해 달라는 내용이다. 에베소서 6 : 19의 "나로 입을 열어"라는 표현은 위엄과 무게가 실린 공적인 연설을 암시하고 '담대히'는 두려움이 없을 뿐 아니라 자유롭고 확신 있는 상태를 가리킨다.
진정한 기도를 하려면 그분의 도우심 아래 해야 한다. 그러나 기도가 결코 쉬운 일이 아님을 바울은 너무나 잘 알고 있었기에 "깨어 기도하기를 항상 힘쓰라."라고 권면한다. 그리고 기도는 이기적이어서는 안 된다. 바울은 '여러 성도를 위하여' 그리고 '나를 위하여' 구하라고 말한다.

Q2 에베소서 6 : 18~19의 기도의 의미를 살펴보자.

항상 힘써서 모든 기도와 간구를 다 동원하라(엡 6 : 18a)

여러 성도를 위하여 기도하라(엡 6 : 18b)

목자를 위하여 기도하라(엡 6 : 19)

적용질문

1. 우리는 어떻게, 누구를 위하여 기도해야 하는가? 나의 목자(양)를 위해 해야 할 기도 제목은 무엇인가?
2. 나의 기도의 내용은 무엇인가? 영적 전투에서 승리하기 위한 구체적인 기도 제목이 있는가? 기도의 능력을 경험하고 있는가?
3. 나는 다른 사람에게 나 자신을 위한 중보기도를 요청할 때 무슨 제목을 내놓는가?(축복, 치유, 형통함, 또는 구속사, 사명 감당, 복음 전파 등)

3) 바울이 묶인 이유(엡 6 : 20)

Q1 바울은 자신이 사슬에 매인 사신이 된 이유가 무엇이라고 말하고 있는가?

사신은 그를 보낸 사람이 받기에 합당한 모든 존경을 받아야 한다. 그들은 전령이기 때문에 적국 나라의 사신이라 해도 치외법권을 갖고 있으며 적대시되어서는 안 된다. 그런데 가장 위대한 왕, 가장 위대한 하나님 나라의 사신인 바울은 평안의 사역으로 인해 로마에서 '쇠사슬에 매인 사신'이 되었다. 그러나 '밧줄' 혹은 '사슬'이 단수로 표현된 것은 그의 투옥이 보호 차원이었음을 의미한다. 즉, 복음의 비밀 안에서 바울은 자신이 담대히 말해야 할 것을 위해 투옥된 것으로 인식하고 있다.

적용질문

1. 나는 하나님 나라의 대사답게 일상을 살아가고 있는가? 하나님을 예배하고 복음을 전하는 일이 내 삶의 최우선이라고 생각하고 살고 있는가?

2. 복음을 전파하기 위해 내가 포기해야 했던 것은 무엇인가? 복음을 전하는 일을 부끄러워하거나, 그리스도인이라는 사실을 적극적으로 드러내지 않고 숨어 버린 적은 없는가?

3. 나는 교회를 위한, 구속사를 위한 주님의 대행자로 이 땅에 부르심을 받았다. 내게 있어서 가장 힘든 영적 전쟁의 현장은 어디인가? 어떤 어려운 문제가 있는가?(부부 관계, 자녀와의 관계, 직장에서의 문제, 성도와의 관계, 목자와의 관계 등)

3. 결언(엡 6 : 21－24)

1) 진실한 일꾼 두기고(엡 6 : 21)

Q1 바울은 에베소 교인들에게 누구를 소개하고 있는가?

두기고는 아시아 교회의 대표자들 중의 한 사람으로(행 20 : 4), 본 서신과 골로새서, 빌레몬서를 각 교회에 전달하는 역할을 맡았던 자이다(골 4 : 7－10).
두기고는 아시아 출신 사역자로 바울의 가장 믿을 만한 동역자 가운데 한 사람이었다(행 20 : 4). 그는 바울과 함께 3차 전도여행을 했으며, 기부금을 가지고 예루살렘까지 그를 수행했다. 이런 그가 이제는 바울과 함께 로마에 있었고 도망한 노예 오네시모를 골로새

에 살고 있는 그의 주인에게 무사히 인도하는 일을 수행하였으며, 또 이 중요한 서신을 그 행선지까지 전달하는 막중한 임무를 부여받게 되었다.

적용질문

1. 나는 그리스도 안에서 칭찬받을 만한 일꾼인가? 어떤 점에서 그렇다고 생각하는지 나를 가장 잘 아는 사람(배우자, 지인, 동료)에게 피드백을 받아 보자.

2. 나는 나의 목자에게 이런 동역자의 위치에 서 있는가?(교인의 경우) 나는 나를 대신해서 보낼 수 있는 복음의 동역자가 있는가?(목자의 경우)

3. 오늘날 성도들 중에는 심방을 원하지 않기도 하고, 교회 안에서 떠도는 소문 등으로 인해 사람을 믿지 못해 자신을 감추고 상담조차도 편안하게 하지 못하는 경우도 있다. 나에게는 신뢰하며 기도를 부탁하고 마음을 터놓을 수 있는 목자(혹은 양)가 있는가?

2) 두기고를 보내는 이유(엡 6 : 22)

Q1 에베소 교인들에게 두기고를 보내는 이유가 무엇인가?

두기고는 바울이 어려움을 당할 때 충성을 아끼지 않았다. 그는 사랑받을 만하고 인격이 진실했기 때문에 바울은 두기고를 높이 평가하여 교회 앞에 소개하고 있다(딤후 4 : 12, 딛 3 : 12). 우리의 교회 안에는 몇 명의 두기고가 있는가? 에베소서는 성도들이 서로 돌아보고 하나가 되는 것을 가르쳤다. 바울이 두기고를 보낸 것은 이와 같은 가르침에 부합하는 일이다.

적용질문

1. 두기고는 바울의 편지를 성도들에게 전달하기 위해 최선을 다했다. 나는 그리스도의 편지를 전달하는 역할에 최선을 다하고 있는가? 내가 전한 복음으로 인해 기뻐했던 이들은 누구인지 나누어 보자.

2. 나는 사역에 있어서 바울 역할을 하고 있는가, 섬기고 거들어 주는 두기고 역할을 하고

있는가? 진실하고 충성된 일꾼이라고 교회 앞에 소개하기에 부끄럽지 않은 모습인가?

3. 주의 종, 일꾼에게 있어서 가장 필요한 성품은 신실함, 충성스러움이다. 이런 평가의 기준에서 나는 몇 점이나 받을 수 있는가? 그 이유를 설명해 보자.

3) 마지막 인사(엡 6 : 23 - 24)

Q1 바울이 그리스도인 형제들에게 바라는 사랑의 특징은 무엇인가? 이 사랑의 기원은 누구인가?

____

여기에서 말하는 변함없는 사랑이란 죽지 않는 사랑, 혹은 썩지 않는 사랑이란 뜻을 담고 있다. 하나님의 사랑은 영원한 사랑이다. 이에 답하는 인간의 사랑은 변함없이 보존되어야 하며 세상 끝 날까지 지속되어야 한다(고전 13 : 8).

Q2 바울의 축복 기도의 의미를 살펴보자.

__________ : 축복의 근원, 출발점이다.
__________ : 축복의 내용이다.
__________ : 우리가 축복하고 격려해야 할 사역의 대상들이다.
__________ : 은혜가 흘러갈 때에 비로소 사람이 살아난다. 은혜를 주는 자, 은혜가 흘러갈 수 있도록 통로가 되어 주는 자가 되어야 한다.

적용질문

1. 내가 사랑하고, 은혜를 빌어 주고, 사람을 보내서라도 말씀으로 격려하고 위로해 줄 자가 있는가? 있다면 누구인가? 그에 관하여 나누어 보자.

2. 나는 두기고처럼 목자와 주의 몸 된 교회를 섬기기 위해 어떤 사역을 감당하고 있는가? 그 일에 최선을 다하고 있다고 고백할 수 있는가?

3. 나에게는 몇 명의 두기고가 있는가? 이름을 적어 보고 이들을 위해 기도하자. 혹은 나는 누구의 두기고인가?

에베소서 6장의 정리(엡 6 : 10－24)

궁극적인 싸움(무장한 군인) : 영적 전쟁에 승리하는 사람들

> 우리의 씨름은 혈과 육을 상대하는 것이 아니요……하늘에 있는 악의 영들을 상대함이라(엡 6 : 12)

교회는 세상과 마귀에 대하여 하나님의 전신 갑주로 무장한 군인과 같다. 성도의 싸움은 세상의 혈과 육에 대한 싸움이 아니요(엡 6 : 12), 악한 영들, 곧 하나님을 대적하여 인간을 타락시키고 이 땅을 황폐하게 했던 공중 권세 잡은 자를 향한 영적 전쟁이다.

1) **현장** 4 : **영적 전쟁**(엡 6 : 10－17)
군인으로 서라 : 진리의 허리띠, 의의 호심경, 평안의 복음이 준비한 신, 믿음의 방패, 구원의 투구, 성령의 검, 곧 하나님의 말씀으로 무장하라.

2) **현장** 5 : **기도의 뒷받침**(엡 6 : 18－20)
모든 기도, 간구, 항상 성령 안에서의 기도 : 목자를 위한 기도, "내게 말씀을 주사 나로 입을 열어 복음의 비밀을 담대히 알리게 하옵소서"라고 기도하라.

3) **결언**(엡 6 : 21－24)

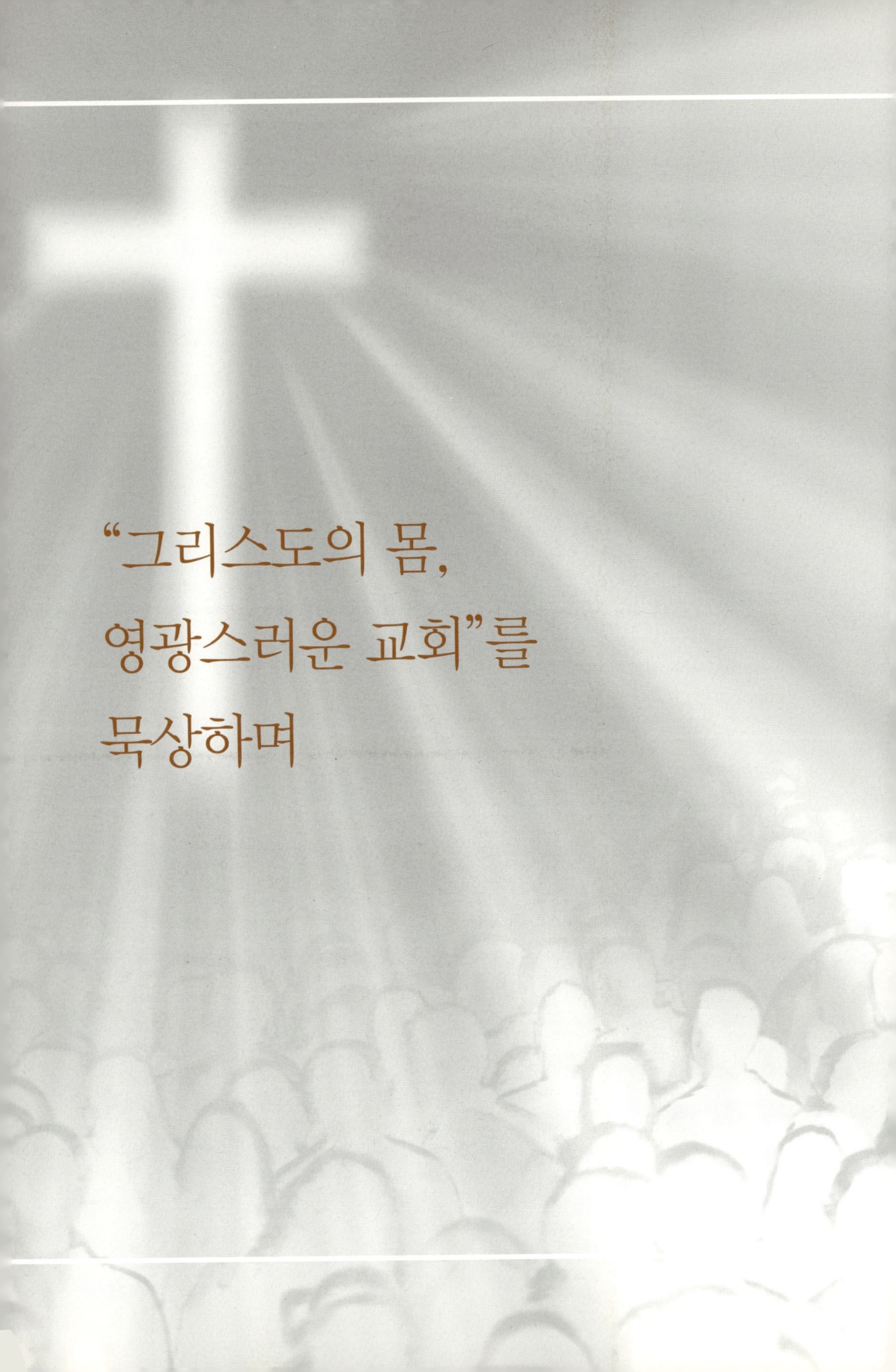

“그리스도의 몸, 영광스러운 교회”를 묵상하며

주님!
에베소서 말씀을 통하여 교회가 '그리스도의 몸'임을 보여 주셔서 감사합니다.
우리가 함께할 한 몸, 한 지체이기에
머리와도 연결되고
지체와도 서로 분리될 수 없고, 서로 외면해서는 안 될
교통하는 한 생명, 스피릿을 나누어야 하는 한 몸임을
이해하게 해 주셔서 감사합니다.

그렇기 때문에
복음의 역사는 내 안에서, 교회 안에서, 내가 살고 있는 삶의 현장에서
계속 이어져야 함을 깨닫습니다.
부부 관계, 부모와 자녀의 관계, 성도와의 관계, 목자와의 관계가
더 건강해져야 되겠습니다.

그 모든 삶의 현장이 다 우리의 영적 싸움이 진행되는 전쟁터이고
하나님의 통치가 실현되어야 할 하나님 나라의 영역이기에
모든 관계가 건강하기 위하여
서 있는 삶의 모든 현장마다
지켜야 할 행위 원칙을 가져야 합니다.

그것은 하나님 나라 운동이고,
그리스도의 몸인 교회를 세워 가는 일이고,
결국 시대와 역사와 만물에게까지
이 풍성한 생명을 흘러가게 해야 하는 구속사의 흐름이기 때문입니다.

삶의 현장에 보이지 않는 배후가 있음을 인정하고
하나님의 전신 갑주로 무장하여 마귀와의 일전을 준비하고 싸우겠습니다.
진리의 허리띠, 의의 호심경, 평안의 복음으로 준비한 신, 믿음의 방패, 구원의 투구,
성령의 검, 곧 말씀의 검으로 무장하게 하옵소서.
이 모든 무장 위에 더욱 기도가 중요함을 인정하고
기도의 모든 방법을 다 동원하되

성령의 인도하심을 따라 기도하게 하시고
늘 깨어 살피며, 기도로 항상 깨어 있게 하옵소서.

하나님 나라의 실현을 도모하는 성도들을 위해 기도하고,
나의 목자를 위하여 기도하게 하옵소서.

나를 통하여, 우리 가정과 교회를 통하여
이 시대를 향한 구속사의 물결이 도도히 흘러가기를 기도합니다.

나의 살아 있음과 사역함이,
우리가 함께 복음을 위하여 동역함이
우리 교회와 우리 시대의 희망이 되기를 원합니다.
우리를 통하여 살리는 생명의 성령의 역사가
역사와 민족, 땅 끝, 만물에게까지 흘러가기를 기도합니다.

우리 시대에도
창고를 짓고, 양식을 저장하는 요셉 같은 생명의 부양자가 나오게 하소서.
패역한 세대, 타락한 문화에서 주의 백성을 탈출시킬 모세가 나오기를 기도합니다.
모세를 좌우에서 보좌했던 아론과 훌이 나오기를 기도합니다.
시대와 구속사를 가슴에 품고 선교의 열정에 생애를 드린 바울이 나오기를 기도합니다.
곁에서 물질로 바울을 도왔던 브리스길라와 아굴라 부부
신실한 동역자로 바울을 대신했던 두기고가,
다른 사람이 아닌 바로 '나'이기를 기도합니다.
주님, 우리의 작은 헌신, 충성스러움을 통하여
자연 세계에까지 그리스도의 충만하심이 흘러가
이 땅, 피조물의 작은 미물까지도
우리 하나님의 은혜와 영광을 찬양하는 날이 어서 속히 오기를 기도합니다.

주님!
우리가 주님의 몸 된 교회이기를 원합니다.
연합된 한 새사람, 거룩한 성전, 하나님의 가족, 아버지의 거처로 세워지고

삼위 하나님의 충만함으로 채워져,
만물에게까지 흘러갈 생명의 풍성함이 되어
이 땅에 살아 그 역사를 대행하는 작은 예수들이 되기를 기도합니다.

그리스도의 십자가와 부활과 승천에 함께 참여하는 동일시의 존재로
함께된 상속자, 함께 교통하고 있는 지체,
함께 거룩한 약속에까지 참여하는 공동체가 될 것입니다.

나와 나의 가정을, 우리 교회를, 이 민족을
구속사의 도구로 사용하여 주옵소서.

주님, 우리가 주님의 정결한 신부입니다.
원수와 싸우는 전신 갑주로 무장한 군인입니다.
모든 통치와 권세와 능력과 주권과 모든 이름 위에 뛰어 나신 우리 주님이시여!
한 몸으로 세워진 교회를 통하여
만물에게까지도 하나님의 모든 충만하심을 흘려보내게 하옵소서.
교회를 통하여 하늘과 땅을 통일시키시옵소서.
교회를 통하여 영광을 받으시옵소서. 아멘!

참고문헌

대한성서공회 편집부, 「독일해설관주성경전서해설」(서울 : 대한성서공회, 2008)

기독지혜사 편집부, 「호크마 주석」(서울 : 기독지혜사, 2013)

_______________, 「카리스 종합주석 19」(서울 : 기독지혜사, 2002)

_______________, 「톰슨 2 주석성경」(서울 : 기독지혜사, 2011)

성서원 편집부, 「그랜드 종합주석 15」(서울 : 성서원, 2000)

나침반 편집부, 「윌밍턴 본문중심 성경연구」(서울 : 나침반, 2008)

목회와 신학 편집부, 「두란노 HOW주석 신약시리즈 10, 에베소서, 빌립보서, 골로새서 어떻게 설교할 것인가」(서울 : 두란노, 2003)

박영선, 「거룩과 영광에의 초대」(서울 : 새순출판사 1994)

윤종하, 「에베소서에 나타난 하나님의 교회」(서울 : 성서유니온, 2003)

유동근, 「그리스도의 몸을 세우려 하심이라」(서울 : 빌라델비아, 2001)

박승호, 「하나님의 구원경영」(서울 : 한국장로교 출판사, 2014)

옥한흠, 「다락방 성경공부 교재」(서울 : 국제제자훈련원, 2012)

김효성, 「에베소서」(서울 : 옛신앙출판사, 2014)

강병도, 「Q&A시스템 성경연구 시리즈 14」

김의환, 「닥터바울 구원 클리닉」(서울 : 한국강해설교학교, 2001)

김남준, 「가정, 또 하나의 천국」(서울 : 생명의말씀사, 2006)

______, 「존 오웬의 신학」(서울 : 부흥과 개혁사, 2008)

박혜원, 「새 창조에서의 부부 관계」(서울 : 목회와 신학, 2005)

이동원, 「이렇게 풍성하라」(서울 : 나침반출판사, 1992)

나용화, "한국교회가 꼭 바로 알아야 하는 교리 열 가지," 「개신논집」

박형룡, 「교의신학」

로이드 존스, 「에베소서 강해 1, 영적선택」(서울 : CLC, 2012)

__________, 「에베소서 강해 2, 영적화해」(서울 : CLC, 2013)

__________, 「에베소서 강해 3, 영적충만」(서울 : CLC, 2007)

__________, 「에베소서 강해 5, 영적광명」(서울 : CLC, 2007)

__________, 「에베소서 강해 6, 영적생활」(서울 : CLC, 2008)

__________, 「에베소서 강해 7, 영적투쟁」(서울 : CLC, 2012)

워어스비, 「핵심 성경 연구 3」(서울 : 나침반, 2001)

도날드 캠벨 외 3인 「BKC 주석 25」(서울 : 두란노, 1987)

존 맥아더, 이춘이 역, 「그리스도의 몸 된 교회」(서울 : 생명의 말씀사, 1986)

메튜 헨리, 김귀탁 역, 「메튜헨리주석, 로마서－데살로니가후서」(서울 : 크리스천다이제스트, 2007)

크로스웨이 ESV 스터디바이블 편찬팀, 「ESV 스터디 바이블 개역개정」(서울 : 부흥과 개혁사, 2014)

존 월튼 외 3인, 「IVP 성경배경주석」(서울 : IVP, 2008)

존 스토트, 「하나님의 새로운 사회」(서울 : 아가페출판사, 1986)

__________, 「에베소서 강해」(서울 : IVP, 2007)
__________, 「살아 있는 교회」(서울 : 한국기독학생회 출판부, 2009)
아이안 컨디, 「성경본문의 맥을 밝혀주는 에베소서－데살로니가후서」(서울 : 성서유니온, 2000)
잭 헌터, 알버트 렉키, 「횃불주석 시리즈 갈라디아서 에베소서」(경기 : 전도출판사, 1994)
진느 반 노트, 「에베소서 선한 삶으로의 길」(서울 : 보이스출판사, 1981)
루이스 도넬슨, 「웨스트민스터 신약강해」(서울 : 에스라서원, 1995)
찰스 스탠리, 「우리의 삶을 다르게 바라보는 법」(서울 : 목회와 신학, 2004)
해롤드 윌밍턴, 「윌밍턴 성경연구, 신약 편」(서울 : 나침반, 2008)
윌리암 멕도날드, 「신자성경주석－에베소서」(경기 : 전도출판사, 2004)
랄프 P. 마틴, 「현대성서주석－목회자와 설교자를 위한 주석 에베소서, 골로새서, 빌레몬서」(서울 : 한국장로교출판사, 2002)
헨리에타 미어즈, 「성경의 파노라마」(서울 : 생명의 말씀사, 1998)
Oxford University Press, *The New Scofield Bible*(New York : Oxford Press, 1984)
John Stott, *Ephesians－Building a Community in Christ*(IVP, 2008)
Lyman Coleman, Richard V Peace, *Serendipity Bible*(Zondervan Publishing House)
바이블 렉스 9.0(서울 : 브니엘 성경 연구소)
디럭스 바이블
미전풍 강해
랍비성경

지은이

박승호

- 장신대, 장신대 신대원, 장신대 대학원(목회상담학)
  Fuller Theological Seminary(D. Min)
- 국제목회자성경연구원(GMBI, 1990년 창립) 원장
- 이화여대 평생교육원 강사, 목사횃불회, 사모횃불회 강사
- 모스크바 장신대 객원교수
- 총회(대한예수교장로회 통합) 말씀학교 강사
- 생명샘교회 담임목사

| 목회자성경연구원 지회 현황 |

국내 지회 – 45지회
호남 목성연(11지회), 서울 목성연(17지회), 영남 목성연(7지회), 중부 목성연(10지회)
해외 지회 – 72개국, 150여 지회
북아메리카, 남아메리카, 유럽, 아시아, 아프리카, 오세아니아

| 저서 |

· 설교집

「하나님의 구원경영 : 출애굽기」(한국장로교출판사)
「일상의 구별됨으로 거룩을 훈련하라 : 레위기」(한국장로교출판사)

· 성경연구 교재

「하나님의 구원경영 : 출애굽기, 인도자용/학습자용」(한국장로교출판사)
「출애굽기 강해집, 영광으로 향하는 구원의 길」(한국장로교출판사)
God's Divine Management of Salvation(한국장로교출판사)
「복음의 재발견」(한국장로교출판사)
「우리가 섬겨야 할 하나님 나라의 복음 : 마태복음」(한국장로교출판사)
「레위기 스피릿으로 하나님을 예배하라 : 레위기」(한국장로교출판사)
Worship God in the Spirit of Leviticus(한국장로교출판사)
「그리스도의 몸, 영광스러운 교회 : 에베소서」(한국장로교출판사)
「복음원리 12강, 인도자용/학습자용」(썬십앤킹십)
「하나님 나라의 복음, 마태복음 강해」(그리심)
「우리가 섬겨야 할 하나님 나라의 복음, 마태복음 핸드북」(그리심)
「영원한 생명, 부요한 생명 : 요한일이삼서」(그리심)
「구약, 성막에 나타난 복음, 예수 그리스도」(그리심)
그 외 (구약) 여호수아, 창세기 1, 2, 민수기, 열왕기상하, 사무엘상하, 신명기
(신약) 누가복음, 사도행전, 사도행전 묵상집, 골로새서, 로마서, 디모데전후서

· 치유 외 다수

「하브루타–마 아타 호쉐브?」(하브루타로 다음세대를 깨워라!)(그리심)
「어린아이의 일을 버렸노라 : 내적치유」(그리심)
「당신의 언어로 세상을 정복하라 : 공감소통대화법」(그리심)
「그리스도인의 사고전환훈련 : 성경적 인지치유」(그리심)

구속사를 열어가는 성경연구 시리즈

그리스도의 몸, 영광스러운 교회 에베소서 학습자용

초판인쇄 2018년 3월 13일
초판발행 2018년 3월 23일

지 은 이 박승호
펴 낸 이 채형욱
펴 낸 곳 한국장로교출판사
주 소 03129 / 서울특별시 종로구 대학로 19, 409호(연지동, 한국기독교회관)
전 화 (02) 741－4381 / 팩스 (02) 741－7886
영 업 국 (031) 944－4340 / 팩스 (02) 944－2623
등 록 No. 1－84(1951. 8. 3.)

ISBN 978－89－398－4306－6 / Printed in Korea
값 9,000원

편 집 장 정현선
교정·교열 이우진 **표지·본문디자인** 최종혜
업무부장 박호애 **영업부장** 박창원

※ 이 출판물은 저작권법에 의해 보호를 받는 저작물이므로 무단전재와 무단복제를 할 수 없습니다.